D1692877

Daniela Elsner

Englisch in der Grundschule unterrichten

Grundlagen, Methoden, Praxisbeispiele

Oldenbourg

Oldenbourg Fortbildung

Das Papier ist aus chlorfrei gebleichtem Zellstoff hergestellt, ist säurefrei und recyclingfähig.

© 2010 Oldenbourg Schulbuchverlag GmbH, München
www.oldenbourg-bsv.de

Das Werk und seine Teile sind urheberrechtlich geschützt. Jede Nutzung in anderen als den gesetzlich zugelassenen Fällen bedarf der vorherigen schriftlichen Einwilligung des Verlages. Hinweis zu § 52 a UrhG: Weder das Werk noch seine Teile dürfen ohne eine solche Einwilligung eingescannt und in ein Netzwerk eingestellt werden. Dies gilt auch für Intranets von Schulen und sonstigen Bildungseinrichtungen.

Der Verlag übernimmt für die Inhalte, die Sicherheit und die Gebührenfreiheit der in diesem Werk genannten externen Links keine Verantwortung. Der Verlag schließt seine Haftung für Schäden aller Art aus. Ebenso kann der Verlag keine Gewähr für Veränderungen eines Internetlinks übernehmen.

Trotz entsprechender Bemühungen ist es nicht in allen Fällen gelungen, den Rechtsinhaber einiger Quellen ausfindig zu machen. Gegen Nachweis der Rechte zahlt der Verlag für die Abdruckerlaubnis die gesetzlich geschuldete Vergütung.

1. Auflage 2010
Druck 14 13 12 11 10
Die letzte Zahl bezeichnet das Jahr des Drucks.

Umschlagkonzept: Mendell & Oberer, München
Umschlag- und Layoutentwurf: Daniela Kropf, München
Lektorat: Claudia Passek, Geraldine Tahmassebi
Herstellung: Ulrike Seeliger
Illustrationen: Susanne Bochem, Mainz; Christine Brand, Leipzig; Wilfried Poll, München; Thilo Pustlauk, Tuttlingen; Gisela Vogel, München
Satz: Datagroup int. SRL, Timișoara, România
Druck: Himmer AG, Augsburg
Bindung: Kösel GmbH & Co. KG, Altusried

ISBN 978-3-637-00911-0

Inhaltsverzeichnis

Vorwort **8**

1 Grundlagen zum Fremdsprachenlernen in der Grundschule **13**

1.1 Entwicklung des frühen Fremdsprachenunterrichts – ein historischer Überblick 13
1.2 Gründe für das frühe Fremdsprachenlernen 21

2 Das Kind als Sprachenlerner **26**

2.1 Sprachentwicklung in der Muttersprache – oder: Wie kommt das Kind zur Sprache? 26
2.1.1 Phasen des Spracherwerbs 26
2.1.2 Wie kommt die Sprache in den Kopf? – Theorien zum Spracherwerb 29
2.2 Aneignung einer fremden Sprache – different or the same? 31
2.3 Lernerunterschiede 36

3 Fremdsprachenlernen und -lehren in der Grundschule nach dem CALIFORNIA-Prinzip **39**

3.1 (C) Communication (Kommunikation) 39
3.1.1 Hörverstehen und Sprechen 40
3.1.2 Lesen und Schreiben 42
3.1.3 Sprachmittlung 44
3.1.4 Wortschatz und Grammatik 45
3.1.5 Aussprache und Intonation 46
3.2 (A) Active learning (Aktives Lernen) 47
3.3 (L) Language awareness (Sprachbewusstsein) 51
3.4 (I) Intercultural understanding (Interkulturelles Verständnis) 54
3.5 (F) Fun (Spaß) 56
3.6 (O) Orientation (Lernerorientierung) 57
3.7 (R) Repetition (Wiederholung) 62

3.8	(N) Networking (Vernetztes Lernen)	63
3.9	(I) Integration (Integration)	64
3.10	(A) Authenticity (Authentizität)	65
3.10.1	Authentische Texte	66
3.10.2	Authentische Sprechanlässe – authentischer Sprachgebrauch	68

4	**Themen, Ziele und Inhalte des Englischunterrichts in der Grundschule**	**71**
4.1	Themenfelder	71
4.2	Ziele und Kompetenzbereiche	72
4.3	Hörverstehenskompetenz entwickeln	73
4.3.1	Was muss der Lerner beim Hörverstehen leisten?	73
4.3.2	Was macht das Hörverstehen in der Fremdsprache so schwer?	76
4.3.3	Lernziele im Bereich Hörverstehen	77
4.3.4	Unterricht gestalten: Schwerpunkt Hörverstehen	78
4.4	Sprechkompetenz entwickeln	83
4.4.1	Lernziele im Bereich Sprechen und Sprachmittlung	84
4.4.2	Wie können wir das Kind zum Sprechen animieren?	84
4.4.3	Redemittel zur Verfügung stellen	91
4.5	Lesen und Schreiben	94
4.6	Verfügen über sprachliche Mittel: Wortschatz und Grammatik	97
4.6.1	Wortschatzarbeit	97
4.6.2	Lernziele im Bereich Wortschatz	99
4.6.3	Grammatik spielerisch üben	100
4.7	Interkulturelle Kompetenz	102
4.7.1	Lernziele und Aktivitäten im Bereich interkulturelle Kompetenz	103
4.8	Entwicklung von Lern- und Methodenkompetenz	108

5	**Handlungsfelder grundschulgemäßen Fremdsprachenlernens**	**112**
5.1.	Planung und Reflexion von Unterricht	112
5.1.1	Unterrichtsplanung	113
5.1.2	Reflexion von Unterricht	117
5.2	Storybooks – Arbeit mit authentischen Bilderbüchern und Geschichten	119

5.2.1	Kriterien zur Auswahl von Geschichten und Bilderbüchern	119
5.2.2	Methodische Ideen für das Geschichtenerzählen	121
5.2.3	Unterrichtsphasen und -aktivitäten beim Storytelling	122
5.2.4	Beispiel für eine Unterrichtseinheit mit dem Schwerpunkt Storytelling	126
5.3	Songs, Chants und Rhymes	130
5.3.1	Strukturierung von Unterrichtsstunden mit dem Schwerpunkt Song, Chant, Rap oder Rhyme	130
5.4	Lernspiele	135
5.4.1	Funktionen von Sprach- und Bewegungsspielen im fremdsprachlichen Lernprozess	135
5.4.2	Tipps zum Umgang mit Spielen	138
5.5	Offene Unterrichtsformen	139
5.5.1	Lernen an Stationen	140
5.6	Sprache und Sache verknüpfen – Content and Language Integrated Learning (CLIL)	143
5.6.1	Vorteile bilingualen Lernens	143
5.6.2	Sprache und Sache verknüpfen – aber wie?	144
5.6.3	Beispiele bilingualer Lerneinheiten und sachfachbezogener Aufgaben	145
5.7	Lehrwerke und Neue Medien	147
5.7.1	Die Qual der Wahl – welches Lehrwerk ist das richtige für meinen Unterricht?	148
5.7.2	Den Computer nutzen: Lernsoftware und Internet	149
5.7.3	Video und DVD	152
5.8	Dokumentation und Evaluation von Lernprozessen	153
5.8.1	Aufgaben zur Überprüfung der Hörverstehensleistung	155
5.8.2	Aufgaben zur Überprüfung der Sprechkompetenz	156
5.8.3	Aufgaben zur Überprüfung der Lese- und Schreibkompetenz	156
5.8.4	Sprachenportfolio	158

6 Fremdsprachlicher Unterricht in der Diskussion ... 163

6.1.	Englisch ab Klasse 1: What difference does it make?	163
6.2.	Der Blick nach vorn: Übergang in die Sekundarstufe	167

Literaturverzeichnis ... 170

Bilderbücher ... 175

Vorwort

Kaum eine andere bildungspolitische Maßnahme der vergangenen Zeit wird aktuell so kontrovers diskutiert wie das Thema „Englisch in der Grundschule". Pünktlich zur Einführung des flächendeckenden Englischunterrichts ab Klasse 1 in Nordrhein-Westfalen zum zweiten Halbjahr des Schuljahres 2008 / 09 fand man in der Presse zahlreiche – zumeist negativ ausgerichtete – Berichte zu dieser Thematik. So urteilte „Der Spiegel" über den Englischunterricht in der Grundschule in seiner zweiten Februarausgabe 2009 „Effekt gleich null" und entfachte damit eine Diskussion über die Vor- und Nachteile des Fremdsprachenlernens in der Grundschule. Der Beitrag bezog sich auf die Ergebnisse einer Befragung von Gymnasiallehrkräften (vgl. Böttger 2009), die deutlich machten, wie unzufrieden jene derzeit mit der Qualität des vorangehenden Fremdsprachenunterrichts sind. Bemängelt wurde vor allem die zu große Heterogenität im Englischen, mit der die Kinder aus verschiedenen Grundschulen in die weiterführende Schule kämen. Aufgrund dieser Heterogenität sei kein sinnvolles Anknüpfen an das in der Grundschule gelernte Englisch möglich und so müsse man in Klasse 5 ohnehin noch einmal von vorne beginnen, um alle Kinder auf einen Stand zu bringen. Außerdem wurde kritisiert, dass die Lerner aus der Grundschule zahlreiche fehlerhafte Äußerungen in die Sekundarstufe mitbrächten und somit noch nicht einmal die Grundlagen der englischen Grammatik beherrschten. Zudem sei zu erkennen, dass die Vorteile des Grundschulenglischunterrichts bereits nach sehr kurzer Zeit in der Sekundarstufe gar nicht mehr sichtbar seien (vgl. ebd., S. 9).

Sicherlich muss hier in Frage gestellt werden, ob diese Erkenntnisse, die allein auf der (subjektiven) Wahrnehmung von 67 Lehrkräften beruhen, ausreichen, den Fremdsprachenunterricht in der Grundschule grundsätzlich anzuzweifeln. Denn offensichtlich scheinen die Lehrkräfte der weiterführenden Schulen nicht (an-)erkennen zu wollen, dass der Englischunterricht in der Grundschule anderen Prinzipien gehorcht als in der Sekundarstufe. Dennoch müssen wir uns sicher Gedanken über dessen Konzeption und Wirksamkeit machen, wenn sogar in der englischen Presse im Nachgang des oben genannten Spiegelartikels über angebliche Konsequenzen dieses vermeintlich nutzlosen Unterrichts berichtet wird: *"Germany considers scrapping 'completely redundant' English classes for children"* (Mail online, 23.1.2009).

Denn zugegebener Maßen bestehen noch zahlreiche Probleme im Englischunterricht der Grundschule. So ist es bis heute nicht überall gelungen, voll ausgebildete Lehrkräfte mit Fakultas für Grundschulenglisch einzusetzen. Die Frage eines optimalen Übergangs von der Primar- in die Sekundarstufe ist noch nicht abschließend geklärt – ein schulstufenübergreifendes Konzept steht bislang aus.

Zudem zeigen die Ergebnisse der breit angelegten EVENING-Studie in Nordrhein-Westfalen (Engel / Groot-Wilken / Thürmann 2009) deutlich auf, dass im Englischunterricht der Grundschule noch lange nicht all das umgesetzt wird, was man in der Theorie zu einem „guten Fremdsprachenunterricht in der Grundschule" zählt. So läuft der Unterricht bislang überwiegend lehrerzentriert ab, sprachliche Interaktionen zwischen den Kindern untereinander und offene Unterrichtssituationen finden nur selten statt (vgl. Engel / Groot-Wilken / Thürmann 2009, S. 198). Während das Hörverstehen der Schülerinnen und Schüler deshalb recht gut ausgebildet wird, gelingt es ihnen – ob der wenigen Gelegenheiten zum sprachlichen *output* – im Bereich der Sprachproduktion jedoch kaum, über das imitative oder reproduktive Sprechen hinauszukommen. Ebenso wenig werden Anlässe zur Reflexion von Sprache geboten (ebd., S. 203) oder Lerntechniken und -strategien in ausreichendem Maße vermittelt. Natürlich – so könnte man argumentieren – mag dies vor allem daran liegen, dass der Englischunterricht mit zwei Zeitstunden in der Woche so knapp bemessen ist, dass man all diesen Anforderungen als Lehrkraft gar nicht gerecht werden kann. Und sicher kann man bei ca. 120 Zeitstunden fremdsprachlichen Lernens über zwei Jahre verteilt keine sprachlichen Wunder erwarten. So verdeutlichen Lightbown und Spada (2006, S. 68): *"One or two hours a week will not produce very advanced second language speakers, no matter how young they were when they began."*

Dies sollte vor allem auf bildungspolitischer Ebene Beachtung finden und in der Konsequenz dazu führen, dass dem Fremdsprachenunterricht in der Grundschule ein höheres Stundenkontingent eingeräumt wird als dies bislang der Fall ist. Einige Bundesländer haben bereits die dritte Stunde Englischunterricht in der Woche in den Grundschulstundenplan aufgenommen; eine weitere Vorverlegung des Fremdsprachenunterrichts in Klasse 1 ist zumindest schon in vier Bundesländern erfolgt.

Doch die EVENING-Studie deckt nicht nur Schwächen auf, sondern offenbart auch, dass die jungen Lerner am Fremdsprachenunterricht mit großer Freude teilnehmen und eine hohe Leistungsbereitschaft zeigen. Was die sprachliche Entwicklung ihrer Kompetenzen anbetrifft, so sind diese vor allem in den rezeptiven Fertigkeiten (Hören und Lesen) beachtlich (vgl. ebd., S. 197). Und auch andere empirische Untersuchungen bestätigen erste erfolgreiche Schritte im schulischen Englischerwerb in der Grundschule (z.B. Pienemann / Kessler / Roos 2006).

Dass die Kinder dennoch im Unterricht offensichtlich zu wenig Gelegenheit zum Sprechen und Schreiben bekommen, liegt vielleicht auch an der (berechtigten) Unsicherheit vieler Lehrkräfte diesbezüglich – hieß es doch über Jahre hinweg, der Unterricht habe sich auf die Ausbildung des Hörverstehens zu konzentrieren und Schriftlichkeit habe im Grundschulunterricht eigentlich nichts verloren. Das Konzept des frühen Fremdsprachenunterrichts hat sich über die letzten zehn Jahre durchgängig und im Eiltempo vom eher spielerisch-rezeptiven zum deutlich kommunikativ-ergebnisorientierten Fremdsprachenunterricht gewandelt, in dem sowohl das Sprechen als auch das Schreiben gefördert wird. Dies hat nicht gerade dazu beigetragen, dass die zahlreichen Lehrkräfte, die dieses Fach von heute auf morgen unterrichten mussten, ohne je Englisch studiert zu haben, eine methodisch-didaktische Handlungssicherheit erlangen konnten. Viele Lehrkräfte klammern sich deshalb an ein Lehrwerk und sind mit ihrem eigenen Unterricht alles andere als zufrieden. Dies konnte ich selbst im Rahmen zahlreicher Lehrerfortbildungen und Workshops erfahren. Immer wieder konfrontierten mich Lehrkräfte mit methodischen Fragen wie „Muss ich wirklich die ganze Unterrichtsstunde hindurch Englisch mit den Kindern sprechen – auch wenn sie nichts verstehen?" und „Darf ich bei der Einführung von neuem Wortschatz auch auf die deutsche Übersetzung zurückgreifen?" oder „Ist es richtig, dass die Kinder möglichst wenig schreiben sollen?" und „Darf ich nun ein Vokabelheft führen lassen oder nicht?".

Auf all diese Fragen konnte und kann ich zunächst eigentlich nur eine Antwort geben: Man muss verstehen, wie das Kind die Sprache lernt, dann erschließt sich einem alles andere von selbst. Denn all das, was wir im fremdsprachlichen Unterricht tun, tun wir deshalb, weil wir mittlerweile eine recht umfangreiche Kenntnis darüber besitzen, wie sich der Mensch Sprache aneignet und welche Aspekte und Eigenschaften dazu beitragen, ob jemand mehr oder weniger erfolgreich beim Fremdsprachenlernen ist. Sprachlerntheorien, die auf neuro- und psycholinguistischen, entwicklungs-, lern- und sozialpsychologischen

Erkenntnissen beruhen, haben die Entwicklung des Fremdsprachenunterrichts in der Grundschule von seinen Anfängen bis heute stark beeinflusst. Sämtliche Konzepte, Ansätze und Methoden lassen sich auf der Grundlage dieser Theorien erklären. Darüber hinaus liegen uns mittlerweile zahlreiche Ergebnisse aus empirischen Untersuchungen vor, die im Laufe der letzten 30 Jahre im Fremdsprachenunterricht der Grundschule durchgeführt wurden. Diese Erkenntnisse ermöglichen eine kurz- und langfristige Ausgestaltung fremdsprachlicher Lernprozesse.

Das Hauptanliegen dieses Buches besteht deshalb vor allem darin, eine Brücke zu schlagen zwischen Theorie und Praxis, mit dem Ziel, Lehrkräften Sicherheit zu geben für ihr pädagogisch-didaktisches Wirken im Fremdsprachenunterricht der Grundschule. Ausgehend von theoretischen Einsichten und Erkenntnissen aus der Forschung sowie langjährigen Erfahrungen mit verschiedenen Konzepten des frühen Fremdsprachenunterrichts sollen die derzeit wichtigsten Prinzipien des frühen Fremdsprachenunterrichts in diesem Buch offengelegt und erläutert werden. Auf der Basis vorliegender Standards und mit Blick auf aktuelle Lehr- und Rahmenpläne werden die Ziele des Englischunterrichts in der Grundschule detailliert dargelegt und anhand praktischer Beispiele erläutert. Für alle Fertigkeits- und Kompetenzbereiche werden schließlich Möglichkeiten der unterrichtlichen Umsetzung gegeben.

Viele der hier aufgezeigten Beispiele stammen aus dem Lehrwerk *Sally* (Bredenbröker et al.), das genau vor dem Hintergrund der in diesem Buch dargelegten theoretischen Überlegungen entstanden ist und versucht, den Anforderungen eines kindgemäßen aber dennoch ergebnisorientierten Englischunterrichts in der Grundschule gerecht zu werden.

Das hier vorliegende Buch richtet sich an Lehrkräfte, die Englisch unterrichten wollen oder müssen – egal ob sie es studiert haben oder nicht. Es eignet sich ebenfalls für Referendare, die nach Hinweisen und Begründungen für ihre Unterrichtsplanung suchen sowie für Studierende, die häufig das Bedürfnis haben, neben ihren theoretischen Kenntnissen hin und wieder auch ein paar Ideen für deren konkrete Umsetzung im fremdsprachlichen Klassenzimmer zu erhalten.

Die im Buch integrierten „Nachdenkaufgaben" sollen Sie als Leserin und Leser dazu anregen, zunächst Ihre eigenen Kenntnisse und subjektiven Theorien zu überprüfen und vielleicht auch Ihr eigenes unterrichtliches Wirken kritisch zu hinterfragen, bevor Sie eine – eventuell neue – theoretische oder praktische Information für Ihren Unterricht aufnehmen und schließlich anwenden. Denn eines ist sicher: Als gute Lehrkraft sollten wir niemals etwas einfach als „gesetzt" hinnehmen, sondern sowohl uns als auch didaktische Theorien und methodische Ratschläge stets in Frage stellen. Oder wie Richard P. Feynman es formuliert:

„Wir müssen unbedingt Raum für Zweifel lassen, sonst gibt es keinen Fortschritt, kein Dazulernen. Man kann nichts Neues herausfinden, wenn man nicht vorher eine Frage stellt. Und um zu fragen, bedarf es des Zweifelns."

In diesem Sinne hoffe ich, dass dieses Buch Sie darin unterstützt, Ihr unterrichtliches Tun zu reflektieren, und wünsche Ihnen gutes Gelingen und viel Erfolg bei der Umsetzung der hier vorliegenden Ideen.

Ihre
Daniela Elsner

1 Grundlagen zum Fremdsprachenlernen in der Grundschule

1.1 Entwicklung des frühen Fremdsprachenunterrichts – ein historischer Überblick

Der bundesweiten Implementierung des Fremdsprachenunterrichts in der Grundschule geht eine lange Entstehungsgeschichte voraus, deren Ursprung bereits bei den Schulreformern der Spätaufklärung und den Reformpädagogen zu Beginn des 19. Jahrhunderts zu finden ist (vgl. Kubanek-German 2001). Aktuelle Konzeptionen und Diskussionen um methodische Ansätze des Fremdsprachenunterrichts in der Grundschule sind deshalb sicher besser zu verstehen und einzuordnen, wenn man sich diese geschichtliche Entwicklung einmal vor Augen führt.

Bereits 1919 integrierten die freien Waldorfschulen zwei Fremdsprachen ab der ersten Jahrgangsstufe in ihr Schulprogramm. Die Begründung des Vaters der freien Waldorfschulen, Rudolf Steiner, erscheint dabei heute nicht weniger aktuell als damals: *„In unserer Zeit muss gegenüber allem Trennenden zwischen Menschen und Völkern das Verbindende bewusst gepflegt werden."* (Steiner zitiert nach Jaffke 1996, S. 5) Zudem argumentierte man hier mit der besonderen Nachahmungsfähigkeit und -freude des Grundschulkindes, die ab dem 5. Schuljahr nachlasse. Entsprechend konzentrierte und konzentriert sich der fremdsprachliche Unterricht in der Waldorfschule in den ersten Jahren auf das imitativ-rhythmische Arbeiten durch Vor- und Nachsprechen, Singen und Spielen. Ein wichtiges Element bildete und bildet zudem die Eurythmie, d.h. die Verknüpfung von Sprache und Bewegung – ein Element, das auch im heutigen Fremdsprachenunterricht der Regelgrundschulen mittlerweile einen festen Platz eingenommen hat.

An öffentlichen Schulen war das Erlernen einer Fremdsprache zugunsten der Völkerverständigung zu diesem Zeitpunkt lediglich den Schülerinnen und Schülern der höheren Schulen vorbehalten. Vereinzelte Versuche, den Fremdsprachenunterricht in die unteren Klassen vorzuverlegen, blieben zunächst erfolglos.

Erst zu Beginn der 1960er Jahre startete man in Deutschland eine Reihe von Schulversuchen zum frühen Fremdsprachenlernen. Aus-

Anfänge des Fremdsprachenunterrichts

Schulversuche in den 1960er Jahren

schlaggebend hierfür waren politische, gesellschaftliche und technische Veränderungen einerseits, welche die tragende Rolle des Englischen als Welt- und Verständigungssprache immer deutlicher werden ließen. Andererseits war man aufgrund verschiedener Untersuchungsergebnisse der Neurophysiologen Penfield und Roberts (1959) davon überzeugt, dass das kindliche Gehirn im Alter zwischen 9 und 12 Jahren eine spezielle Aufnahme- und Vernetzungsfähigkeit habe, welche für das fremdsprachliche Lernen positiv genutzt werden könne. Von entwicklungs- und lernpsychologischer Seite ging man ebenfalls davon aus, dass sich Kinder im Grundschulalter im optimalen Alter *(optimum age,* Andersson 1960) befänden, um eine fremde Sprache mit Leichtigkeit zu erlernen, weil sie besonders gerne und gut imitierten, kaum Sprechhemmungen zeigten und insgesamt flexibler in ihren Lernprozessen seien als erwachsene Lerner (vgl. Stern 1967).

optimum age hypothesis

Diese Hypothesen wurden neben zahlreichen Erkenntnissen aus internationalen Erfahrungen mit dem frühen Fremdsprachenunterricht im Rahmen zweier UNESCO-Expertenkonferenzen 1962 und 1966 in Hamburg erörtert. Jene gaben offensichtlich den Ausschlag dafür, dass ab diesem Zeitpunkt in fast allen deutschen Bundesländern regionale oder lokale Schulversuche zum Fremdsprachenunterricht in der Primarstufe gestartet wurden. Diese Versuche erhielten politische Rückendeckung durch den Strukturplan für das deutsche Bildungswesen der KMK (1970), in dem empfohlen wurde, den Lernbereich Fremdsprachen zu erproben und gegebenenfalls auch in den Lehrplan für die Grundschulen aufzunehmen. Ziel der Versuche war es, herauszufinden, inwiefern der früh einsetzende Fremdsprachenunterricht die „Endleistungen des fremdsprachlichen Könnens" verbessern oder steigern könne (vgl. Sauer 1993, S. 85).

Strukturplan für das deutsche Bildungswesen

Die in diesem Zusammenhang wohl bedeutendsten Ergebnisse lieferte der Abschlussbericht zum Braunschweiger Schulversuch „Frühbeginn des Englischunterrichts" (Doyé und Lüttge 1977). Dieser bescheinigte den Schülerinnen und Schülern, die im 3. Schuljahr mit Englisch begonnen hatten, am Ende des 5., 6. und 7. Schuljahres eine deutliche Überlegenheit in ihren mündlichen und schriftlichen Sprachleistungen gegenüber solchen Schülerinnen und Schülern, die mit dem Englischlernen erst in der 5. Klasse begonnen hatten. Die Studie zeigte auch, dass der Gewinn in der Fremdsprache nicht zu Lasten der Leistungen in anderen Fächern, wie z.B. Deutsch oder Mathematik, ging (vgl. Doyé 1990).

Schulversuche zum frühen Fremdsprachenlernen in den 1970er Jahren

Nicht ganz so eindeutige Ergebnisse – jedoch durchaus auch positive Effekte – ergaben sich aus den Versuchen in Hessen (Gompf 1971, 1975), Berlin (Hilgendorf / Holzkam / Münzenberg 1970) und Nordrhein-Westfalen (Bebermeier 1975).

Dennoch blieben die zahlreichen Schulversuche und die daraus resultierenden Ergebnisse der Begleitstudien bildungspolitisch zunächst folgenlos. Fragen bezüglich der Qualifizierung von Grundschullehrkräften, ein fehlendes Gesamtkonzept zur fremdsprachlichen Bildung in der Primar- und Sekundarstufe und fehlende Ressourcen für die Erweiterung der Stundentafel und die Neueinstellung von Lehrkräften schienen der flächendeckenden Einführung des Fremdsprachenunterrichts in der Grundschule zunächst entgegenzustehen.

Erst Anfang der 1990er Jahre entfachten sowohl die veränderte innerpolitische Situation in Deutschland nach dem Fall der Berliner Mauer als auch die auf europäischer Ebene wirkenden Veränderungen hin zu einer Europäischen Gemeinschaft mit gemeinsamen Binnenmarkt erneute Diskussionen um die Vorverlegung des Fremdsprachenunterrichts in die Primarstufe. Programmatisch erschien 1992 eine Veröffentlichung mit dem Titel „Fremdsprachenbeginn ab Klasse 3: Lernen für Europa" (Gompf 1992) und ging damit einer Welle von Publikationen voraus, die aus heutiger Sicht den Höhepunkt der Debatte um das *Ob* und *Wie* zum Thema „Fremdsprachenfrühbeginn" bildete.

Fremdsprachenlernen für Europa – Konzeptionen und Schulversuche der 1990er Jahre

Neben zahlreichen Aufsätzen, welche die Vor- und Nachteile des frühen Fremdsprachenlernens und die Frage nach der Sprachenwahl erörterten, stand nun insbesondere die Frage nach einem geeigneten Konzept für das frühfremdsprachliche Lernen im Zentrum fachdidaktischer Überlegungen. In Nordrhein-Westfalen propagierte man in Anlehnung an das britische Konzept der *language awareness* (Hawkins 1984) das Modell einer Begegnung mit Sprachen. Dieses hatte das Ziel, die kindlichen Lerner auf Sprachen und ihre Erscheinungsformen aufmerksam zu machen und ihr Interesse für fremde Sprachen allgemein zu wecken, um sie nicht nur auf späteres, formbezogenes Lernen vorzubereiten, sondern auch im Sinne eines Gesamtkonzeptes zur Mehrsprachigkeit und Interkulturalität in einem vereinten Europa zu erziehen (vgl. Bebermeier 1992). Im Kern hieß dies: Schon Grundschüler sollten die an ihre eigene Sprache gebundene Welterfahrung relativieren, indem sie früh lernen, dass andere Menschen andere Sprachen haben, und gegenüber diesen Menschen, ihren Kulturen und ihren Sprachen eine po-

Begegnung mit Sprachen

sitive Grundhaltung entwickeln (vgl. Christ 1990). Unter Berücksichtigung der steigenden Zahlen von Kindern ausländischer Herkunft und unterschiedlicher Muttersprachen sollte mit diesem Konzept ethnozentrischen Denkweisen vorgebeugt werden und die kindlichen Lernerfahrungen in einer Fremdsprache auf die Lernerfahrungen in der Erst- und Zweitsprache bezogen werden. Die Begegnung mit einer Fremdsprache und deren Vergleich mit anderen Sprachen war dabei Teil einer fächerübergreifenden Sprachförderung und erlaubte themen- und inhaltsorientiertes Fremdsprachenlernen. Für die Durchführung des Unterrichts standen Handreichungen und Materialvorschläge zur Verfügung; verbindliche Richtlinien im Hinblick auf sprachliche Ziele oder interkulturelle Inhalte gab es jedoch nicht.

„Lerne die Sprache deines Nachbarn"

Eine etwas andere Variante der Begegnung mit Sprachen stellte das baden-württembergische Programm „Lerne die Sprache deines Nachbarn" dar (Pelz 1993). Hier wurde die Sprache des angrenzenden Nachbarlandes (Französisch) im Unterricht spielerisch, aber auch lehrwerkgeleitet erlernt – immer vor dem Hintergrund, die real anstehenden Begegnungen mit einer Partnerschulklasse aus dem Nachbarland vorzubereiten. Gemeinsame Projekte, Schulfeste und Briefpartnerschaften standen im Zentrum dieses Konzepts. Der fremdsprachliche Unterricht umfasste drei Stunden pro Woche; die Auswahl der Lerninhalte richtete sich entsprechend nach den Projektthemen bzw. der jeweils anstehenden Kommunikationssituation. Auch für dieses Konzept gab es keinen festen Lehrplan mit definierten Lernzielen.

Dass die Modelle zur Begegnung mit Sprachen eine wahrscheinlich zu hohe Erwartung in die persönlichkeitsbildenden Kräfte setzten und von einem beachtlichen Bildungsoptimismus gekennzeichnet waren, blieb in Fachkreisen nicht lange unkritisiert. Insbesondere die Vertreter des systematischen Fremdsprachenunterrichts bezweifelten zudem die Effizienz dieser Programme im Hinblick auf die sprachliche Progression der Lerner (vgl. Brusch 1993).

Systematisches Fremdsprachenlernen

Das Konzept des systematischen, lehrgangsgeleiteten Fremdsprachenunterrichts konzentrierte sich vornehmlich auf die Vermittlung einer elementaren kommunikativen Kompetenz, mit dem Ziel, das weitere Lernen der Fremdsprache in der Sekundarstufe vorzubereiten und zu erleichtern. Die Inhalte orientierten sich an einem Lehrwerk und folgten konsequent einer linguistischen Progression. Die Vertreter dieser Konzeption begründeten dies vor allem mit den positiven Ergebnissen der in den 1970er Jahren durchgeführten Schulversuche:

„Die Schulversuche haben eindeutig erfüllbare Bedingungen für den Lernerfolg aufgezeigt [...]. Die Setzung von progressiven Lernzielen [...] ist notwendig, wenn ein Könnensgewinn erstrebt wird. Gut organisierte, schüler- und sachorientierte Lehrgänge für alle Grundschüler sind machbar." (Sauer 1993, S. 92)

Das Lernen und Lehren der fremden Sprache, hier Englisch, fand zweimal wöchentlich in dafür ausgewiesenen Unterrichtsstunden statt und wurde von speziell dafür ausgebildeten Fremdsprachenlehrkräften durchgeführt. Spielen und Lernen bildeten dabei eine Einheit und der Unterricht zeigte sich kindgemäß und spielerisch, aber dennoch ergebnisorientiert. Eine Integration der Fremdsprache in andere Lernbereiche der Grundschule fand selten oder gar nicht statt.

Als drittes Konzept wurde schließlich die sogenannte „Immersion" erprobt. In einem solchen Unterricht werden alle oder einige Unterrichtsfächer der Grundschule in der Fremdsprache durchgeführt. Entsprechend ist die fremde Sprache nicht mehr Lerngegenstand, sondern Kommunikationsmittel im Rahmen verschiedener Sachfächer. Ziel solcher Immersionsprogramme, welche bis Anfang der 1990er Jahre vornehmlich in Kanada entwickelt wurden, ist nicht die Erlangung einer grammatischen Perfektion in der fremden Sprache, sondern die Befähigung zum kommunikativen Umgang mit Mitschülern und Lehrkräften. Das Prinzip der Immersion gründet somit auf der Annahme, dass man sich eine fremde Sprache am besten durch „echte" Kommunikation in authentischen Lernsituationen aneignet (vgl. Genesee 1994). Je nach Größe des Anteils der Fremdsprache im Unterrichtsalltag handelt es sich um totale Immersion (*total immersion*) oder Teilimmersion (*partial immersion*). In Deutschland sind vor allem Henning Wode (z.B. 1995) im Zusammenhang mit der wissenschaftlichen Begleitung der Claus-Rixen-Schule in Altenholz bei Kiel, Wolfgang Zydatiß (1997) mit der staatlichen Europaschule in Berlin und Uwe Sandfuchs mit der deutsch-italienischen Modellschule in Wolfsburg (vgl. Sandfuchs / Zumhasch 1999) als Vertreter dieser Konzeption zu nennen.

Immersion

In Rheinland-Pfalz prüfte man zu dieser Zeit ein viertes Konzept, das sich beinahe als eine Mischform der vorangegangenen Konzepte beschreiben lässt. Im sogenannten „integrativen Modell" wurden mög-

Integrative Fremdsprachenarbeit

lichst alle Lernbereiche von der Klassenlehrerin unterrichtet und dabei die Fremdsprache in geeigneten Teilbereichen eingebracht. Im Regelfall fand das fremdsprachliche Lernen nicht in festen Unterrichtsstunden statt, sondern in Form eines „Gelegenheitsunterrichts", verteilt auf geeignete andere Lernbereiche, möglichst an jedem Unterrichtstag. Die Integration der Fremdsprache war grundsätzlich in allen Lernbereichen möglich und in ihrer planvollen Anwendung äußerst flexibel sowohl an den Jahreslauf und die Unterrichtssituation als auch an die Interessen der Kinder anzupassen (vgl. Helfrich 2008).

Bis Ende der 1990er Jahre existierten all diese Formen frühfremdsprachlichen Lernens parallel und die Diskussion um deren Vor- und Nachteile nahm in dieser Zeit sowohl auf fachdidaktischer als auch auf bildungspolitischer Ebene einen breiten Raum ein. 1997 erschien schließlich eine erste Didaktik für den Fremdsprachenunterricht in der Grundschule: Die Autorin, Heidemarie Sarter, verwies darin auf die Defizite jedes der bislang erprobten Konzepte und arbeitete auf deren gemeinsamer Basis allgemeingültige Ziele und Prinzipien für das frühe Fremdsprachenlernen heraus. 1998 erschien die erste eigene Zeitschrift zum Fremdsprachenfrühbeginn (FF) im Domino Verlag, in welcher die Möglichkeiten einer sinnvollen und einheitlichen Fortentwicklung der methodisch-didaktischen Varianten reichhaltig diskutiert wurden. Ein Jahr später begannen diese Veröffentlichungen schließlich auch schulpolitische Früchte zu tragen – sukzessive beschlossen Landesregierungen, Schulämter und Schulen die Implementierung des Fremdsprachenunterrichts ab der dritten Jahrgangsstufe. Als inhaltliche Grundlage hierfür diente zunächst der Beschluss der Kultusministerkonferenz von 1994, welcher empfahl, allen Kindern in der 3. und 4. Jahrgangsstufe einen handlungsorientierten und grundschulgemäßen Fremdsprachenunterricht anzubieten, mit dem Ziel, insbesondere die mündlichen Kompetenzen der Lerner in der Fremdsprache spielerisch zu entwickeln.

Konzeptionelle Überlegungen nach PISA

Im grundschulpädagogischen Diskurs zeichnete sich indessen in allen Fachbereichen eine neue Entwicklungslinie ab, die letztlich auch die konzeptionelle Weiterentwicklung des Fremdsprachenunterrichts maßgeblich beeinflusste. Als Folge des schlechten Abschneidens deutscher Schülerinnen und Schüler in den internationalen Vergleichsstudien TIMMS und PISA (vgl. Baumert et al. 1997; 2001), suchte man nach Jahren der „Kuschelpädagogik" (Herzog 1997) nach einem neuen Kompetenzbegriff, der Bildungsqualität neu definieren, Leistungsstandards verbindlich festlegen und der „inhaltlichen Beliebigkeit" von Lehr- und Lernprozessen ein Ende schaffen sollte (vgl. Esslinger-Hinz / Hahn 2004, S. 9 f.).

Eher wenig verwunderlich erscheint es deshalb, wenn der Blick auf die erste Übersicht des Fördervereins Fremder Sprachen zum Stand des Frühbeginns in den 16 Bundesländern im Jahr 2002 mit wenigen Ausnahmen einen einheitlichen Trend in Bezug auf die Sprachenwahl (Englisch), den Lernbeginn (3. Klasse) und die Frage nach der Leistungsermittlung aufzeigt (vgl. Gompf 2002). Nach und nach legten die Bundesländer schließlich Lehr- und Rahmenpläne vor, welche sich plötzlich nur noch durch marginale Nuancen hinsichtlich der gewählten Unterrichtkonzeption, den Inhalten oder dem Stundenkontingent unterschieden. Der Konzeptionenstreit um Begegnungssprache oder Systematik schien über Nacht beendet worden zu sein und der Richtungswechsel zum ergebnisorientierten Fremdsprachenunterricht beschlossene Sache. So fassten Dieter Mindt und Norbert Schlüter den didaktisch-methodischen Ist-Stand im Jahr 2003 folgendermaßen zusammen: Ende des Konzeptionenstreits

„Das Begegnungssprachenkonzept ist inzwischen in den meisten Bundesländern durch den ergebnisorientierten Unterricht abgelöst worden. Neben die nicht-sprachlichen allgemeinen Ziele des alten Konzepts tritt nunmehr ein gezieltes Sprachenlernen. Es beruht auf sorgfältig ausgewählten und abgestuften sprachlichen und inhaltlichen Lernzielen und führt zu einem klaren Abschlussprofil am Ende der Klassenstufe 4." (Mindt / Schlüter 2003, S. 11) Anfänge des ergebnisorientierten Fremdsprachenunterrichts in der Grundschule

Zum Schuljahr 2005 / 2006 hatten nunmehr alle Bundesländer eine Fremdsprache in den Grundschulfächerkanon integriert.

Heute beginnt der Fremdsprachenunterricht in 12 Bundesländern in der 3. Jahrgangsstufe; in Brandenburg, Baden-Württemberg, Nordrhein-Westfalen und Rheinland-Pfalz fangen die Schülerinnen und Schüler bereits in der ersten Jahrgangsstufe mit dem fremdsprachlichen Lernen an. In den meisten Fällen steht Englisch mit zwei bzw. drei Stunden in der Woche im Stundenplan. An einigen Schulen, insbesondere in den grenznahen Gebieten, findet man derzeit anstelle von Englisch Französisch, Italienisch, Russisch, Dänisch, Sorbisch oder Spanisch im Angebot. Fremdsprachenunterricht in der Grundschule heute

1 | Grundlagen zum Fremdsprachenlernen in der Grundschule

Von 16 Bundesländern haben sich nur vier gegen eine Benotung und für eine verbale Beurteilung der fremdsprachlichen Leistungen entschieden. Alle anderen Bundesländer benoten entweder in beiden Jahrgangsstufen oder nur am Ende der 4. Klasse mit Ziffernzensuren. Verbindliche Rahmenvorgaben liegen in allen Bundesländern vor. Die folgende Tabelle stellt den Ist-Stand in den Bundesländern zusammengefasst dar.

Fremdsprachenunterricht in der Grundschule						
Land	Beginn in Klasse	Lernzeit pro Woche	Sprache(n)	Gesetzliche Vorgaben	Bewertung im Zeugnis bzw. Teilnahmevermerk	Bewertung im Zeugnis mit Note
BW	1	2 Std.	Englisch Französisch	Lehrplan	Ja	Ab Klasse 3
BY	3	2 Std.	Englisch	Lehrplan	Qualifizierende Aussage	Nein
BRA	1	Klasse 1: 1. Std.; ab Klasse 3: 3 Std.	Englisch Französisch Polnisch Russisch Sorbisch	Rahmenlehrplan (Klasse 1-10)	Ja	Ab Klasse 3
HH	3	2 Std.	Englisch	Interne Handreichungen	Ja	Ab Klasse 3
HE	3	2 Std.	Englisch	Interne Handreichungen in Absprache mit Sek. I	Ja	Ab Klasse 3
NI	3	2 Std.	Englisch	Interne Handreichungen	Ja	Ab Klasse 4, aber nicht versetzungsrelevant
NRW	1	2 Std.	Englisch	Lehrplan	Ja	Ab Klasse 3
RP	1	50 Minuten	Englisch Französisch	Rahmenlehrplan	Portfolio	Nein
SL	3	2 Std.	Französisch	Richtlinien	Ja	Nein
SN	3	Klasse 3: 3 Std.	Englisch (außerdem wählbar: Französisch Polnisch Tschechisch)	Lehrplan	Ja	Nein
LSA	3	2 Std	Englisch	Interne Handreichung	Ja	Ab Ende Klasse 4

Land	Beginn in Klasse	Lernzeit pro Woche	Sprache(n)	Gesetzliche Vorgaben	Bewertung im Zeugnis bzw. Teilnahmevermerk	Bewertung im Zeugnis mit Note
TH	3	2 Std.	Englisch (Mehrheit)	Lehrplan	Ja	Nein
MVP	3	3 Std.	Englisch (Französisch)	Rahmenlehrplan	Ja	Ab Klasse 3
HB	3	2 Std.	Englisch	Lehrplan	Ja	Ab Klasse 4
SH	3	2 Std.	Englisch	Rahmenlehrplan	Ja	Ab Klasse 3
BER	3	Klasse 3: 2 Std.; Klasse 4: 3 Std.	Englisch oder Französisch	Rahmenlehrplan	Ja	Klasse 3/4: Die Eltern können entscheiden, ob es Noten gibt.

1.2 Gründe für das frühe Fremdsprachenlernen

Die Einführung der Fremdsprache im Grundschulfächerkanon hat nicht nur positive Reaktionen hervorgerufen. Viele Grundschullehrkräfte, die keine Ausbildung für diesen Unterricht besaßen, fühlten sich von der Entscheidung völlig überrollt und sahen sich überfordert mit dem Gedanken, zwei ganze Unterrichtsstunden konsequent in der englischen Sprache, die sie vielleicht selbst seit Abiturszeiten nicht mehr angewendet hatten, durchführen zu müssen. Zudem stellte sich die Frage, woher man die zusätzlich benötigten Stunden beziehen sollte. Seitens der Gymnasiallehrer vernahm man Kritik darüber, dass ihnen der für Schüler und Lehrkräfte gleichermaßen motivierende Anfangsunterricht in der Fremdsprache nun genommen wurde und nicht zuletzt hatten viele Eltern von eher lernschwachen Kindern Bedenken, dass das Lernen einer fremden Sprache im Grundschulalter ihre Kinder unnützerweise zusätzlich belaste. All diese Einwände sollten sicherlich ernst genommen werden, dennoch lassen sich viele dieser Punkte stark relativieren und zudem mehr gute Gründe dafür finden, warum der Fremdsprachenunterricht ein wichtiger Bestandteil eines grundschulpädagogischen Gesamtkonzeptes geworden ist.

> **Nachdenkaufgabe**
>
> Bevor Sie weiterlesen, stellen Sie sich vor, Sie wollen am ersten Elternabend in einem dritten Schuljahr die Vorzüge des frühen Fremdsprachenlernens erläutern. Welche Argumente fallen Ihnen ein? Auf welchen Grundlagen basiert Ihr Wissen?

Je früher, desto besser?

Die immer noch weit verbreitete Annahme, je früher man mit dem Lernen einer fremden Sprache beginne, desto leichter oder gar besser lerne man diese, ist für die schulische Erwerbssituation so pauschal nicht haltbar. Zum einen sind die Vorgänge des Erstspracherwerbs oder des parallelen Erwerbs zweier Sprachen im frühen Kindesalter in natürlichen Kontexten nicht vergleichbar mit den Lernprozessen in einer fremden Sprache zu einem späteren Zeitpunkt; zum anderen kann man nicht grundsätzlich davon ausgehen, dass das Lernen einer Sprache mit steigendem Alter automatisch geringere Aussichten auf Erfolge hat.

Kritische Periode im Spracherwerb

Die 1967 von Lenneberg postulierte „kritische Periode" *(critical period)*, welche den Zeitraum zwischen zwei Jahren und dem Eintritt der Pubertät kennzeichnet, nach der eine Fremdsprache aus biologischen Gründen nicht mehr vollständig, d.h. nicht mehr auf muttersprachlichem Niveau, erworben werden kann, ist aus heutiger Sicht nicht mehr verlässlich:

„Insgesamt scheint die gegenwärtige Datenlage für die Postulierung einer kritischen Periode eher ungünstig zu sein; zwar erreichen Späterwerber oft nicht das sprachliche Niveau von Früherwerbern, dennoch gibt es aber durchaus auch sehr erfolgreiche Späterwerber. Es finden sich nur wenige Belege für einen deutlichen Einbruch der erreichbaren Sprachkompetenz bei einem bestimmten Anfangsalter (...)." (Schlak 2003, S. 22)

Ältere Lerner lernen aufgrund ihrer kognitiven Reife meist schneller als jüngere; zudem können sie auf ihre bereits gemachten Sprachlernerfahrungen bewusst zurückgreifen und Strategien anwenden. Auch ist nicht eindeutig bewiesen, dass sich die größere Plastizität des kindlichen Gehirns unmittelbar positiv beim Fremdsprachenlernen bemerkbar macht.

Sensible Phasen im Spracherwerb

Dennoch spricht einiges dafür, dass es beim Sprachenlernen für verschiedene Sprachbereiche biologisch bedingte „sensible Phasen" gibt (Bleyhl 2003, S. 7), die im Grundschulalter anzusetzen sind. So zeigen einzelne Studien aus der Psycholinguistik, dass beispielsweise die kritische Phase des auditiven Systems um das neunte Lebensjahr liegt (Peltzer-Karpf / Zangl 1998, S. 15). Bis zu diesem Zeitpunkt können fremdsprachliche Laute leicht in das vorhandene Sprachsystem integriert werden. Nach diesem Zeitpunkt beginnt sich das „kognitive Fenster" für die Anpassung an die Lautung der Umgebung offensichtlich zu schließen.

Darüber hinaus scheinen Kinder aus lernpsychologischer Sicht im Alter zwischen 6 und 10 Jahren besonders aufnahmefähig zu sein – dieses in der Kognitionswissenschaft als *window of opportunity* bezeichnete Fenster sollte deshalb auch für den Sprachlernprozess ausgenutzt werden (vgl. Zydatiß 1999, S. 198).

window of opportunity

Je jünger die Lerner, desto mehr Möglichkeiten für eine motivierende Unterrichtsgestaltung

Ob jemand ein erfolgreicher Fremdsprachenlerner wird oder nicht, hängt also weniger vom Alter bei Lernbeginn ab als von vielen anderen Faktoren, wie z.B. seiner Motivation, seinen Neigungen, seinen Ängsten, dem Selbstvertrauen, dem Leistungswillen und der Lernumgebung (vgl. Lightbown / Spada 2006).

Lernerinterne Faktoren

Grundsätzlich zeigen Kinder weniger Hemmungen, sich in der Fremdsprache zu äußern als Erwachsene. Sie scheinen nicht lange darüber nachzudenken, ob ihre Äußerungen falsch sein könnten oder sich um grammatikalisch richtige Konstruktionen zu sorgen, vielmehr überwiegt die Lust, zu zeigen, dass sie sich in einer fremden Sprache bereits mitteilen können (vgl. De Leeuw 1997).

Insgesamt scheint der Faktor Lust, also die Motivation zum Lernen einer Fremdsprache, einen deutlichen Einfluss darauf zu haben, wie erfolgreich der Lernprozess verläuft; denn wer wirklich Lust dazu verspürt, eine fremde Sprache zu verstehen und zu sprechen, wird sich letztlich auch die Mühe machen, sich mit dieser intensiv zu beschäftigen. Und wie wir alle wissen, macht zum Schluss die Übung den Meister.

Motivation als Einflussfaktor erfolgreichen Fremdsprachenlernens

Während die Curricula für den Fremdsprachenunterricht in der Sekundarstufe ein recht volles und in grammatikalischer Hinsicht äußerst anspruchsvolles Lehr- und Lernpensum aufweisen, lassen die Vorgaben für den Fremdsprachenunterricht in der Grundschule den Lehrkräften noch sehr viele Gestaltungsfreiheiten. Letztlich bleibt es jedem einzelnen selbst überlassen, wie viele und welche Übungen, Geschichten, Lieder, Reime oder Spiele er oder sie im Unterricht einsetzt, um die vorgeschlagenen Themenkreise mit den Kindern zu bearbeiten. Wichtig ist lediglich, dass den Kindern ein (abwechslungs-)reiches Angebot an Lernstoff unterbreitet wird, das es ihnen ermöglicht, verschiedene Aspekte von Sprache über möglichst viele Sinneskanäle zu erfahren und miteinander in Beziehung zu setzen (vgl. Bleyhl 2003, S. 17).

Dass jüngere Lerner mehr Freude an musisch-spielerischen, kreativ-handlungsorientierten und imitativen Übungen haben als ältere Lerner, liegt in der Natur der Sache. Kaum ein 14-jähriger wird leicht dazu zu bewegen sein, ein Lied zu singen, dazu zu stampfen und zu klatschen, eine Bilderbuchgeschichte nachzuspielen oder Wörter pantomimisch darzustellen. Kinder im Grundschulalter hingegen lassen sich genau durch diese Aktivitäten stark zum Gebrauch und zur Übung der Fremdsprache motivieren und dies können wir uns als Lehrkräfte zu Nutze machen. Mit solchen Aktivitäten schafft man letztlich eine angenehme und wenig von Leistungsdruck überschattete Lernumgebung – eine wichtige Grundlage für erfolgreiches und vor allem angstfreies Fremdsprachenlernen.

Die Auseinandersetzung mit einer fremden Sprache gehört in einem vereinten Europa zur grundlegenden Bildung – von Anfang an

Die Europäische Kommission proklamierte 1996 in ihrem Weißbuch „Lehren und Lernen. Auf dem Weg zur kognitiven Gesellschaft", dass jeder EU-Bürger in Zukunft befähigt sein solle, in mindestens drei Gemeinschaftssprachen erfolgreich kommunizieren zu können (vgl. Europäische Kommission 1996, S. 62 f.). Weiterhin heißt es dort: *„Will man nun die tatsächliche Beherrschung von drei Gemeinschaftssprachen erreichen, wäre es wünschenswert, bereits im Kindergarten mit dem Erlernen einer Fremdsprache zu beginnen."* (Europäische Kommission 1996, S. 62)

In Europa lernt jedes zweite Kind eine Fremdsprache bereits im Grundschulalter, in einigen wenigen Ländern findet eine verpflichtende Fremdsprachenbegegnung bereits im Kindergartenalter statt (vgl. Europäische Kommission 2008).

In Deutschland herrscht derzeit (noch) keine Kindergartenpflicht. Die Grundschule bietet somit als erste obligatorische Bildungsinstitution für alle Kinder ab 6 Jahren die früheste Gelegenheit, eine fremde Sprache zu erlernen.

Das perspektivische Bildungsziel „Mehrsprachigkeit" umfasst dabei ebenso die Entwicklung einer kommunikativen Handlungsfähigkeit in den ausgewählten Sprachen, wie die Grundlegung einer interkulturellen Kompetenz, welche das friedliche Zusammenleben der Bürger in Europa fördern und sichern soll (vgl. Europarat 2001, S. 15). Verschiedene Untersuchungsergebnisse zur Effektivität des frühen Fremdsprachenlernens in Europa legen nahe, dass eine frühe Auseinandersetzung mit fremden Sprachen und Kulturen zu einer weltoffeneren Einstellung der Kinder führen und nachhaltig zum Fremdsprachenlernen motivieren kann (vgl. Blondin et al. 1998). So fasst Schmid-Schönbein die Ergebnisse wie folgt zusammen: *„Alle Studien belegen eine positive Auswirkung auf den affektiven Bereich mit positiven Einstellungen gegenüber Sprachen, Kultur, Sprechern der betroffenen Sprachen, dem Erlernen von Sprachen und der Entwicklung von Selbstvertrauen."* (Schmid-Schönbein 2001, S. 39)

Mehrsprachigkeit als Bildungsziel

Der Fremdsprachenunterricht in der Grundschule kann also durchaus eine positive Grundlage dafür schaffen, dass die Lerner in der Sekundarstufe bewusst weitere Fremdsprachen auswählen und ihnen den sicheren Umgang mit anderen in einer multikulturellen Gesellschaft so früh wie möglich erleichtern.

Last but not least darf nicht vergessen werden, dass zum einen die Mobilität unserer Grundschulkinder in einem vereinten Europa immer höher wird, zum anderen die Begegnung mit Produkten aus dem in- und außereuropäischen Ausland zur täglichen Lebenswelt der Kinder gehört. Heutzutage ist es normal, seinen Urlaub im Ausland zu verbringen – das Verstehen der englischen Sprache wird dabei häufig schon im Flugzeug notwendig. Englischsprachige Musik bestimmt mittlerweile das deutsche Radioprogramm, Produkte mit englischem Namen werden von den Kindern tagtäglich gebraucht (*Match-Attax, Gameboy, Smarties, Inlineskates*). Es gehört somit sicherlich ebenso zu einer kind- und zeitgemäßen Allgemeinbildung, die Kinder über die Herkunft und Bedeutung solcher Wörter im Rahmen des Fremdsprachenunterrichts aufzuklären, wie ihnen ein erstes kommunikatives Rüstzeug für die Begegnung mit anderssprachigen Texten, Medien und Menschen mitzugeben.

Anglizismen im Alltag des Grundschulkindes

Wenn es also aus psycholinguistischer Sicht keine zwingenden Gründe für den frühen Beginn des Fremdsprachenlernens gibt, so ist dieser umso mehr in gesellschaftspolitischer Hinsicht zu erkennen.

2 Das Kind als Sprachenlerner

2.1 Sprachentwicklung in der Muttersprache – oder: Wie kommt das Kind zur Sprache?

Nur wenn man als Lehrkraft weiß, welche Stufen ein Lerner durchlaufen muss, bis er sich in einer Sprache wirklich unterhalten kann, und man versteht, welche äußeren und inneren Einflüsse den Spracherwerb vorantreiben oder auch verlangsamen, ist man in der Lage, seine Methoden und Inhalte auf den Lerner und seine individuellen Bedürfnisse abzustimmen. In diesem Kapitel sollen deshalb zunächst die Phasen des Spracherwerbs betrachtet und anschließend die wichtigsten Sprachlerntheorien erläutert werden (vgl. hierzu Szagun 2008 und Tracy 2008).

> **Nachdenkaufgabe**
>
> Bevor Sie dieses Kapitel lesen, versuchen Sie einmal folgende Fragen schriftlich zu beantworten. Nach Beendigung des Kapitels können Sie sich Ihre Antworten erneut ansehen und diese bei Bedarf korrigieren.
>
> 1. Was genau müssen Kinder Ihrer Ansicht nach lernen, wenn sie ihre erste Sprache erwerben?
> 2. Durch welche Aktivitäten erwerben Kinder ihre erste Sprache hauptsächlich?
> 3. Ist Intelligenz ein ausschlaggebender Faktor dafür, dass man ein erfolgreicher Sprachenlerner wird?

2.1.1 Phasen des Spracherwerbs

Phase 0: Vom Mutterleib bis zum 2. Lebensmonat

Bereits im Mutterleib ist der Fötus soweit entwickelt, dass er ungefähr ab dem sechsten Monat Geräusche und Laute der Außenwelt, die Stimme der Mutter und ihren Herzschlag wahrnehmen kann. Bei seiner Geburt verfügt der Säugling über die Fähigkeit der auditiven Diskriminierung, die es ihm ermöglicht, die Stimme der eigenen Mutter schon nach wenigen Tagen von anderen Stimmen zu unterscheiden. Auch werden bereits in diesem Alter verschiedene Informationsmuster differenziert, Wort- und Satzgrenzen, Tonhöhen, Tonlängen und Rhythmen erkannt. In dieser Phase entwickelt sich somit bereits ein phonologisches und prosodisches Bewusstsein.

Marginalie: Entwicklung des phonologischen Bewusstseins

Phase 1: Die Gurr- und Lallphase

Etwa ab dem 2. Lebensmonat beginnen Babies ihre Muskulatur zu trainieren, das Zusammenspiel von Kehlkopf, Zunge und Lippen zu erproben und mit ihrer Stimme zu experimentieren. Mit etwa sechs bis acht Monaten werden Lautkombinationen wie „Dada" oder „Lala" produziert. In diesem Entwicklungsabschnitt „erzählen" Babies sehr viel, sie hören sich selbst gerne zu und probieren aus, welche Laute sie erzeugen können. In der Interaktion mit der Bezugsperson, die auf solche Lautkombinationen reagiert und das Kind selbst immer wieder anspricht, lernt das Kind die ersten Regeln des kommunikativen Austausches kennen.

Erste sprachliche Interaktion

Phase 2: Die Ein-Wort-Phase

Etwa im Alter von 11 Monaten beginnen Kleinkinder, die Gegenstände und Personen in ihrem unmittelbaren Umfeld in ihrer eigenen Sprache zu benennen. Lautkombinationen wie beispielsweise „Mama" oder „Lala" werden zunächst rein zufällig produziert und schließlich von der Außenwelt positiv verstärkt. Das Kind beginnt Wörter (Lexik), die ihm immer wieder begegnen, zu imitieren und mit konkreten Objekten, Wünschen oder Situationen in Beziehung zu bringen und somit den Wörtern Bedeutungen (Semantik) zuzuordnen. So kann das Wort „Nane" einfach das Objekt „Banane" bezeichnen, aber auch den Wunsch „Ich möchte eine Banane" ausdrücken.

Erfassen von Wortbedeutungen

Phase 3: Die Zwei-Wort-Phase

Ab ca. 18 Monaten bis etwa zum 3. Lebensjahr lernen Kinder sehr schnell neue Wörter und bilden vermehrt Zwei-Wort-Sätze. Sie erkennen hier, dass die Kombination von zwei Wörtern unterschiedliche Bedeutungen hervorruft („Mama essen", „Mama weg"). Hier verstehen sie bereits auch, dass Endungen oder Vorsilben die Bedeutung von Wörtern verändern (Morphologie). Bei der Sprachproduktion werden in dieser Phase häufig „intelligente Fehler" gemacht, die auf bereits vorhandenes Regelbewusstsein schließen lassen (geht – gehte, Schnuller – Schnullers).

Erstes Regelverständnis

Phase 4: Auf- und Ausbau des grammatischen Systems

In der Phase vom dritten Geburtstag bis etwa zur Einschulung benötigen Kinder jede Menge sprachlichen Input, um ihren Wortschatz und ihre Erzählfähigkeiten weiter auszubauen. In dieser Phase begreifen

Produktion von Sätzen — sie, dass hinter einer Sprache Regeln und Gesetzmäßigkeiten stehen. Sie kombinieren deshalb viel, spielen mit Sprache und produzieren erste umfangreiche Sätze, die immer häufiger der sprachlichen Norm, also dem richtigen Satzbau (Syntax), entsprechen.

Phase 5: Spracherwerb im Schulalter
Im Alter von etwa 6 Jahren kommen Kinder in die Schule; der ungesteuerte Spracherwerb wird nun systematisch durch von außen gesteuerte Lehr- und Lernprozesse erweitert. Bis hierhin haben sich die Kinder alle Laute der Erstsprache erschlossen und können diese auch produzieren. Sie beginnen, sich mit der Schriftsprache auseinanderzusetzen, Zeichen Lauten zuzuordnen; sie erweitern ihren Wortschatz und vor allem auch ihr Verständnis für Begriffe. Sie erkennen und verwenden Synonyme, erschließen sich grammatikalische Regeln und beginnen zu verstehen, dass man sprachliche Äußerungen an den Kommunikationspartner oder eine Situation anpasst (Pragmatik), z.B. „Sie" vs. „du".

Schriftspracherwerb und grammatisches Verständnis

Betrachtet man alle Phasen gemeinsam, so lassen sich folgende Elemente von Sprache zusammenfassen, die das Kind in der ersten Sprache (aber auch in jeder anderen Sprache) erwirbt:

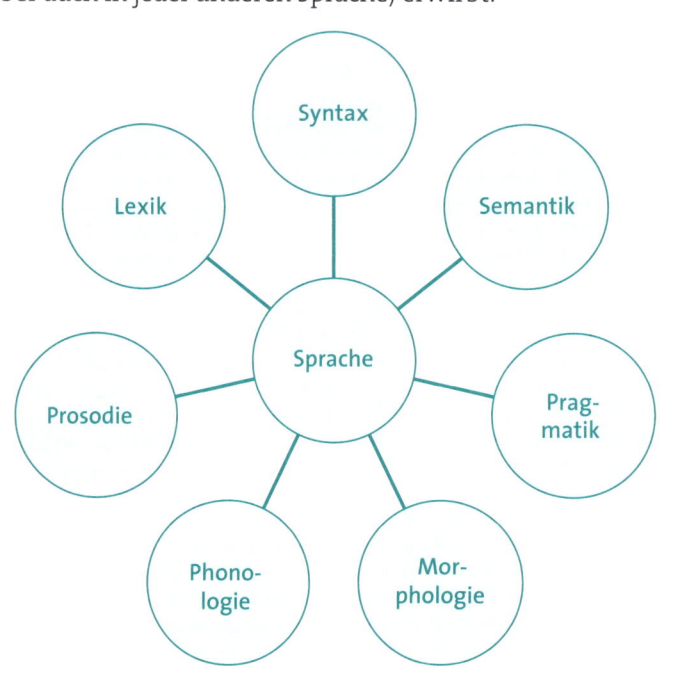

Abb. 1: Bausteine des Spracherwerbs

2.1.2 Wie kommt die Sprache in den Kopf? – Theorien zum Spracherwerb

Zu der Frage, wie genau es funktioniert und was es von außen bedarf, dass ein Mensch eine Sprache und deren Einzelelemente tatsächlich erwirbt, hat es in den letzten Jahrzehnten zahlreiche Theorien mit äußerst unterschiedlichen Erklärungsansätzen gegeben. Was wir mittlerweile bestimmt wissen, ist, dass keine der Theorien alleine eine ausreichende Antwort geben kann; alle zusammengenommen zeichnen jedoch ein recht klares Bild darüber, dass der Spracherwerb ein äußerst komplexer und anspruchsvoller Vorgang ist, der von vielen Faktoren abhängig ist (vgl. Lightbown / Spada 2006).

Die behavioristische Theorie

Aus behavioristischer Sicht erwirbt der Mensch seine Sprache(n) vornehmlich durch Imitation und Übung (*practice*). Das Kind benötigt entsprechend Vorbilder, deren Sprachmuster es nachahmen kann. Durch positive (Lob) oder negative (Tadel) Verstärkung (*reinforcement*) werden die Sprachversuche des Kindes schließlich gefestigt oder wieder verworfen (*habit formation*). Der Begründer des Behaviorismus war B.F. Skinner (1957). Seine Theorie, die sich auf Lernprozesse generell bezog, wurde für den Bereich des Spracherwerbs insbesondere von Hebb, Lambert und Tucker (1971) adaptiert. Beobachtet man die Aneignungsprozesse von Kleinkindern in der Muttersprache, wie sie beispielsweise im familiären Umfeld oder im Kindergarten stattfinden, so erkennt man solch behavioristische Muster deutlich wieder: Die Kinder ahmen ihre Eltern nach, Mütter und Väter fordern beim Vorlesen eines Bilderbuches ihre Kinder immer wieder auf, Wörter mit- und nachzusprechen; Erzieherinnen und Eltern loben die Kinder gleichermaßen, wenn sie Wörter und Sätze richtig verwenden.

Lernen durch Imitation, Lernen am Modell, positive Verstärkung

Die nativistische Theorie

Nativisten wie Chomsky oder Lenneberg gehen davon aus, dass das Kind aus der Sprache seiner Umgebung zunächst Regeln ableitet, die es später dazu nutzt, eigene Sprachmuster zu konstruieren. Jeder Mensch verfügt dieser Theorie nach über einen angeborenen Spracherwerbsmechanismus, dem sogenannten *LAD* (*Language Acquisition Device*), einer Universalgrammatik (UG), auf deren Grundlage der Spracherwerb des Kindes einem festgelegten Muster folgt. Dieser wird dann in Gang gesetzt, wenn die Umwelt die entsprechenden Reize, d.h. ausrei-

Angeborenes Spracherwerbsmodul – *Language Acquisition Device (LAD)*

chend sprachlichen Input, liefert. Von außen können wir erkennen, dass Kinder tatsächlich auch Wörter und Sätze produzieren, die sie niemals vorher gehört haben. Sie bilden ihre eigenen Sprachregeln („Anna Nane geesst") und benennen Dinge nach ihren eigenen Vorstellungen (Lätzchen = „Tatti"). Behavioristische Ansätze können diese Phänomene nicht erklären.

Die kognitivistisch-konstruktivistische Theorie

Für den Entwicklungspsychologen Piaget (1923) stellt der Spracherwerb des Kindes lediglich einen Teil seiner allgemeinen kognitiven Entwicklung dar. Das Kind baut durch Akkomodations- und Assimilationsprozesse kognitive Schemata auf und erweitert damit sein sprachliches Wissen. Während bei der Assimilation die Informationen, die das Kind aufnimmt, so verändert werden, dass sie sich in bereits vorhandene Schemata einfügen, werden bei der Akkomodation die vorab erworbenen Sprachkonzepte überprüft und an die neuen Gegebenheiten angepasst (vgl. Kesselring 1999). Diese Theorie spricht dem Lerner ein großes Maß an Eigenverantwortlichkeit für seine Lernprozesse zu. Der Umwelt kommt lediglich die Aufgabe des „Inputproviders" (vgl. Bach / Timm 2009) zu, d.h. sie stellt dem Lerner die nötigen Inhalte bereit, aus denen er sich seine Informationen zu gegebener Zeit rausfiltert und im eigenen Tempo verarbeitet. Gut zu erkennen ist dies in Situationen, in denen Eltern ihre Kinder sprachlich verbessern, das Kind aber konsequent bei seinen Formulierungen bleibt:

Assimilations- und Akkomodationsprozesse

> Kind: *Anna Nane geesst.*
> Mutter: *Anna hat eine Banane gegessen.*
> Kind: *Ja, Anna Nane geesst.*

Erst wenn das Kind in seiner sprachlichen Entwicklung dafür bereit ist, wird es die korrekte Form verwenden. Allerdings muss es hierfür vorab genügend sprachliche Muster erfahren haben, aus denen es sich die richtige Regel ableiten kann.

Die interaktionistische Theorie

Interaktionisten, wie z.B. Jerome Bruner (1987), betonen die Wichtigkeit der sprachlichen Interaktion zwischen Bezugsperson und Kind. Auch diese Theorie geht von einer biologischen Anlage in Form eines vorhandenen Sprachsystems aus, das jedoch nur durch die Interaktion mit anderen ausgebaut werden kann. Lew Vygotski prägte in diesem Zusammenhang den Begriff der *Zone of Proximal Development* (ZPD), welche die Differenz zwischen dem aktuellen Entwicklungsstand und dem potenziellen Entwicklungsstand des Lerners, den er unter Anleitung durch eine kompetente Person erreichen könnte, kennzeichnet. Eine optimale Lernunterstützung bietet sich dem Lerner dann, wenn sich der Input genau zwischen den beiden Polen der *ZPD* bewegt. Will man ein Kind z.B. ans Zeitungslesen heranführen, so wird man ihm nicht als Erstes die Frankfurter Allgemeine dafür hinlegen – aber auch eine stark bebilderte Kinderzeitung würde nicht den nötigen Anspruch erfüllen. Genauso verhält es sich eben auch mit der Auswahl des sprachlichen Angebotes. Mütter und Väter machen dies meist intuitiv richtig. Dies zeigt sich nicht nur an den Inhalten, die dem Kind angeboten werden, sondern auch an der Art und Weise, wie der Kommunikationspartner mit dem Kind spricht. Die sogenannte *motherese* – die Sprache, die die Bezugsperson dem Kleinkind gegenüber verwendet – ist auf den Lerner zugeschnitten und zeichnet sich durch ein langsameres Sprechtempo, eine höhere Stimmlage, häufige Wiederholungen und einfache Satzmuster aus.

Zone of Proximal Development (ZPD)

motherese

2.2 Aneignung einer fremden Sprache – different or the same?

Während man in der traditionellen Fremdsprachendidaktik davon ausging, dass der Erstspracherwerb nicht vergleichbar mit dem gesteuerten Fremdsprachenlernprozess ist, ist man sich heute darüber einig, dass die Sprachentwicklung in der Erstsprache und in der Fremdsprache einem Muster folgt, das durch das Lehren nicht beeinflusst werden kann (vgl. Bleyhl 2000, S. 22). Dennoch bringen Lerner, die eine fremde Sprache im Schulalter lernen, natürlich andere Lernvoraussetzungen mit als Kinder, die ihre erste Sprache von Geburt an erwerben. Auch unterscheiden sich die beiden Prozesse deutlich hinsichtlich der vorliegenden Lernsituation.

Nachdenkaufgabe

Bevor Sie sich mit den unterschiedlichen Lerner- und Lernvoraussetzungen im Muttersprachenerwerb und im Fremdsprachenlernen auseinandersetzen, versuchen Sie diese zunächst selbst einmal in der folgenden Tabelle nachzuzeichnen, indem Sie in die freien Spalten *ja*, *nein* oder *teilweise* eintragen. Vergleichen Sie zum Schluss Ihre Antworten in den Spalten. Wodurch unterscheiden sich die Aneignungsprozesse in Erst- und Fremdsprache am deutlichsten? Inwiefern unterscheiden sich die Lernprozesse von jüngeren und älteren Lernern?

	Erstsprache	Fremdsprache	
	Kleinkind	Grundschulkind	Jugendlicher / Erwachsener
Lernervoraussetzungen			
Kann der Lerner zu Lernbeginn bereits auf eine andere Sprache zurückgreifen?			
Ist der Lerner bei Lernbeginn kognitiv reif genug, um problemlösend zu denken und Regeln zu verstehen?			
Verfügt der Lerner zu Lernbeginn über ein großes Weltwissen?			
Hat der Lerner Hemmungen, sich in der zu erlernenden Sprache zu äußern?			
Muss der Lerner die Sprache lernen, um seine primären Bedürfnisse, wie z.B. Hunger, Durst, Angst etc., ausdrücken zu können?			
Lernsituation			
Kann der Lerner zu Beginn des Lernprozesses einfach nur zuhören oder muss er die Sprache sofort auch produktiv verwenden?			
Wird dem Lerner genügend Zeit für den Lernprozess zur Verfügung gestellt?			
Wird der Lerner bei Fehlern sofort korrigiert?			
Wird die Sprache dem Lerner angepasst, d.h. vereinfacht, verlangsamt etc.?			

(in Anlehnung an Lightbown / Spada 2006, S. 29 ff.)

Der größte Unterschied im Lernprozess einer Fremdsprache im Gegensatz zum Muttersprachenerwerb liegt sicherlich darin, dass der Lerner bereits auf eine Sprache zurückgreifen und sich in dieser verständigen kann, wenn es notwendig ist. Er oder sie hat hier bereits Erfahrungen mit dem Lernen einer Sprache gesammelt, hat verstanden, dass Sprache ein System ist, das gewissen Regeln folgt. Der Lerner hat dabei ein erstes metalinguistisches Bewusstsein erlangt und sich vielleicht schon verschiedene Sprachlernstrategien angeeignet, auf die er nun auch im Fremdsprachenlernprozess zurückgreifen kann. Beim Fremdsprachenlernen ist man insbesondere dann, wenn man damit erst in der Schule beginnt, älter und somit kognitiv reifer. Während man die Muttersprache erwirbt, um sich in seinem Umfeld verständlich zu machen und um diesem vor allem seine primären Bedürfnisse mitzuteilen („Ich habe Hunger!", „Ich muss mal!"), lernt man die Fremdsprache in der Schule aus ganz anderen Motiven heraus (weil es im Stundenplan steht, weil man Englisch „cool" findet, weil die Eltern das so wollen, weil man es später für den Job braucht etc.).

Vorhandensein einer oder mehrerer Sprachen beim Fremdsprachenlernen

Metalinguistisches Bewusstsein

Veränderte Motivation

Das Lernumfeld in der Erstsprache stellt meist die Familie dar, in der die Sprache im Alltag zum zwischenmenschlichen Austausch verwendet wird; die Verwendung einer fremden Sprache im schulischen Kontext hingegen ist meist fiktiven Kommunikationssituationen geschuldet. Die Lerner werden hier von der ersten Stunde an aufgefordert zu sprechen, sie werden auf Fehler hingewiesen und insbesondere ältere Lerner fühlen sich nicht immer unbedingt wohl dabei, sich vor anderen in der fremden Sprache zu äußern. Zudem steht dem Lerner in der Fremdsprache nur ein äußerst eingeschränktes Kontingent an Zeit zur Verfügung, um sich mit der neuen Sprache zu beschäftigen. Entsprechend ist auch der sprachliche Input viel geringer als in der Erstsprache.

Wenig Zeit zum Einhören in die neue Sprache

Was den Lernprozess selbst und somit die Frage nach dem „Wie lernen Fremdsprachenlerner denn nun eine Sprache?" betrifft, so finden auch hier die Theorien zum Erstspracherwerb (vgl. Kap. 2.1) Anwendung. Darüber hinaus werden jedoch – aufgrund der unterschiedlichen Lern- und Lernervoraussetzungen – verschiedene Hypothesen im Kontext zweit- und fremdsprachlichen Lernens diskutiert, welche verdeutlichen, dass die Fremdsprache nicht unabhängig von der ersten Sprache erlernt wird.

Kontrastivhypothese

Von behavioristischer Seite aus wird argumentiert, dass die Muttersprache den Lernprozess in der Fremdsprache stark beeinflusst. Die sogenannte Kontrastivhypothese (z.B. Lado 1964) geht davon aus, dass sich das fremdsprachliche System parallel zu dem der Muttersprache entwickelt. Der Lerner überträgt Regeln und Einsichten aus der Muttersprache deshalb unmittelbar in die Fremdsprache. Dies kann einerseits zu positivem Transfer führen (z.B. deutsche Pluralbildung: Auto – Autos und englische Pluralbildung *car – cars*) andererseits auch in falschen Schlüssen (negativem Transfer) münden (*I became a cake for my birthday.*). Dieser Hypothese nach müsste man somit lediglich die Gemeinsamkeiten und Unterschiede zweier Sprachen systematisieren und offenlegen, um eine neue Sprache zu erlernen. Durch den Sprachvergleich könnte man letztlich Sprachschwierigkeiten in ihren Ursachen ergründen und Fehler vorhersagen.

Positiver und negativer Transfer

Die Identitätshypothese

Die Identitätshypothese (z.B. Dulay / Burt 1974) folgt nativistischen Ansätzen und besagt, dass der Spracherwerb, egal in welcher Sprache, immer nach dem gleichen Muster verläuft. Der Lerner aktiviert seinen angeborenen Erwerbsmechanismus; die Regeln und Elemente einer zweiten Sprache werden in derselben Abfolge erlernt wie beim kindlichen Erstspracherwerb.

Die Interlanguage Hypothese

Selinker (1972) z.B. geht davon aus, dass der Lerner beim Erlernen einer Fremdsprache eine Art „Zwischensprache" entwickelt, die sowohl Merkmale und Regeln der Erstsprache als auch der Zweitsprache trägt. Diese sogenannte „Lernersprache" folgt einer gewissen Systematik, verändert sich jedoch stetig im Laufe des Lernprozesses.

Lernersprache

Die Input-Hypothese

Für Krashen (1985) ist die Weiterentwicklung in einer Fremdsprache vor allen Dingen vom sprachlichen Angebot abhängig. Die Sprache des Lerners entwickelt sich somit in Abhängigkeit von der Menge und der Art des sprachlichen Inputs.

Die Output-Hypothese
Diese Hypothese (z.B. Swain 1985) verweist auf die Relevanz des aktiven Gebrauchs der zu erlernenden Sprache. Demnach können Fortschritte in der fremden Sprache nur gemacht werden, wenn angestellte Hypothesen angewendet und überprüft werden können.

Die Interaktionshypothese
Ein entscheidender Faktor beim Sprachenlernen scheint die Art und Weise zu sein, wie Lehrende und Lernende miteinander kommunizieren. In diesem Kontext geht es beispielsweise um die Reaktion der Lehrkraft auf Fehler, um die Echtheit der Kommunikation etc. (vgl. Henrici 1993).

Die Teachability Hypothese
Dieser Hypothese nach (Pienemann 1989) können unterrichtliche Maßnahmen zur Vermittlung fremdsprachlicher Regeln und Strukturen nur dann zum Erfolg führen, wenn sie dem sprachlichen Entwicklungsstand des Lerners entsprechen. Elemente, die dem Lerner angeboten werden, die er aufgrund seines sprachlichen Niveaus jedoch noch nicht aufnehmen kann, bleiben in spracherwerblicher Hinsicht wirkungslos.

Für die unterrichtliche Umsetzung heißt dies nicht, dass dem Lerner lediglich Sprachangebote gemacht werden dürfen, die seiner Entwicklungsstufe entsprechen. Dies wäre ja auch bei 30 unterschiedlich schnellen Lernern gar nicht anders möglich. Die Konsequenz dieser Theorie liegt vielmehr darin, dass dem Lerner genügend Sprachangebote auf den jeweils nächsten Ebenen gemacht werden, bei gleichzeitiger Wiederholung bereits bekannter Strukturen (vgl. Keßler 2006).

All diese Hypothesen zeigen deutlich, dass der Spracherwerb in der Erstsprache ähnliche Muster aufweist wie der Aneignungsprozess in einer weiteren Sprache. In vielerlei Hinsicht verläuft das Lernen einer Fremdsprache demnach nicht unabhängig vom Erwerb der Erstsprache. Dass dabei einerseits viele Vorgänge im Sprachlernprozess von außen nicht beeinflussbar sind, weil sie im Lerner selbst stattfinden, andererseits die Interaktion mit der Umwelt einen äußerst relevanten Einflussfaktor im Kontext sprachlicher Aneignung darstellt, macht uns als Lehrkraft bewusst, wie wichtig es ist, unser Handeln im Klassenzimmer genau zu überdenken.

2.3 Lernerunterschiede

Wenn Grundschulkinder eine fremde Sprache erlernen, so können wir von anderen Lernervoraussetzungen ausgehen als bei jugendlichen oder erwachsenen Fremdsprachenlernern. Im Alter zwischen 6 und 10 Jahren haben Kinder einen enorm hohen Bewegungsdrang; sie können deshalb nicht lange still sitzen, sie brauchen Zeit, um sich komplexe Dinge zu erschließen, sie sind schnell gelangweilt, wenn sie sich zu lange mit einer Sache beschäftigen müssen, sie sind häufig noch sehr auf sich selbst bezogen, können schlecht verlieren und reagieren häufig sehr emotional auf Geschehnisse. Grundschulkinder spielen gerne, sie imitieren, schlüpfen mit Vorliebe in andere Rollen und messen sich gerne mit anderen. Als besonders effektiv zeigen sich solche Lernvorgänge, in denen die Kinder selbst aktiv werden können, Hypothesen über etwas Neues bilden, austesten und mit anderen besprechen können.

Bei all diesen Gemeinsamkeiten, die für die Planung von Fremdsprachenlehr- und -lernprozessen von entscheidender Bedeutung sind, darf jedoch nicht außer Acht gelassen werden, dass Lernen trotz allem nicht im Gleichschritt funktioniert. In Bezug auf den Spracherwerb heißt dies, dass zwar alle Lerner nacheinander dieselben Aspekte von Sprache erwerben, dies jedoch äußerst individuell tun und dafür unterschiedlich viel Zeit benötigen. Wie schnell jemand mit dem Spracherwerb vorankommt und auf welche Art und Weise er sprachliche Strukturen letztlich verinnerlicht, hängt nicht nur von der Lernumgebung, sondern auch von *lernerinternen Faktoren* wie Motivation, Vorerfahrungen, Intro- oder Extrovertiertheit, intellektuelle Fähigkeiten oder der Lerneignung zusammen. Spätestens seit den 1970er Jahren wird davon ausgegangen, dass Menschen zudem unterschiedliche Fähigkeiten oder Vorlieben bezüglich der Sinneskanäle haben, über die sie lernen. Je nach Präferenz lassen sich der optisch-visuelle, der auditive, der haptische oder der eher kognitive Lerntyp unterscheiden (vgl. Vester 1975). Bermann (1998) zufolge lernen Erwachsene häufig dann am besten, wenn sie Inhalte ihrem Lerntyp angemessen aufnehmen können. Kindern hingegen kommt es häufig zugute, wenn sie Inhalte über viele verschiedene Sinneskanäle erfahren können.

Howard Gardner (1993) geht in seiner *Theorie der Multiplen Intelligenzen* von einem weitaus größeren Spektrum an Lerntypen aus. Gardner beschreibt acht Intelligenzen, die bei Lernern unterschiedlich stark ausgeprägt sein können und die zu Unterschieden in der Lernweise führen können.

> **Nachdenkaufgabe**
>
> Sehen Sie sich die folgenden Intelligenzen nach Howard Gardner an und entscheiden Sie dann, welche Aktivitäten Sie präferieren. Welchem Lerntyp entsprechen Sie am ehesten?

Intelligenz		Trifft eher zu	Trifft eher nicht zu
Linguistisch	Ich kann Informationen am besten aus Texten aufnehmen, ich liebe Geschichten, lese gerne und löse gerne Kreuzworträtsel.		
Logisch-mathematisch	Ich arbeite gerne am Computer, ich löse gerne kniffelige Aufgaben, ich mag Aufgaben, in denen ich etwas zuordnen, sortieren oder in die richtige Reihenfolge bringen muss.		
Räumlich	Ich zeichne gerne und kann mir Dinge gut vorstellen, ich lerne gut mit Bildern, kann Karten gut lesen und mache mir häufig Listen oder Diagramme für etwas, das ich mir merken möchte.		
Kinästhetisch	Ich kann mir gut Dinge merken, wenn ich diese mit konkretem Tun verbinde oder mich dabei bewege.		
Musisch	Ich kann mir Liedtexte gut merken, spreche mir Dinge rhythmisch vor, verpacke Informationen manchmal in Reime und präge mir Melodien gut ein.		
Interpersonal	Ich kann gut in der Gruppe oder mit einem Partner lernen oder mir Dinge erschließen, wenn ich mit anderen darüber spreche.		
Intrapersonal	Ich führe Lerntagebücher, reflektiere meine Lernprozesse häufig selbst, ich kann besser alleine als in der Gruppe lernen, mag kreative Schreibaufgaben und kann gut präsentieren.		
Naturalistisch	Ich erkenne Unterschiede und Gemeinsamkeiten zwischen Dingen sehr schnell, ich teile Dinge gedanklich in Gruppen oder nach anderen Ordnungskategorien ein.		

Vielleicht haben Sie nun selbst bemerkt, dass Sie manche Aktivitäten häufiger tun als andere, vielleicht haben Sie erkannt, dass Sie manche Dinge gar nicht tun. Sicherlich können wir uns nicht nur einer Intelligenz verschreiben, meistens haben Individuen verschiedene Intelligenzen, die sich jedoch in der Stärke ihrer Ausprägungen deutlich unterscheiden.

Die Schlussfolgerung im Hinblick auf die Initiation von fremdsprachlichen Lernprozessen liegt auf der Hand: Alle Menschen lernen anders und manche Aktivitäten oder Verhaltensweisen können uns beim Lernen mehr helfen als andere. Für den schulischen Kontext gilt deshalb: Möglichst viele unterschiedliche Aktivitäten, Aufgabentypen oder Lernarrangements schaffen, sodass viele Sinneskanäle angesprochen werden und sich die Lerner in ihren unterschiedlichen Intelligenzen angesprochen fühlen.

Variation der Lernangebote

3 Fremdsprachenlernen und -lehren in der Grundschule nach dem CALIFORNIA-Prinzip

Was können wir nun aus den zahlreichen Theorien zum Erstspracherwerb und zum Fremdsprachenlernen, zum Lerner selbst und seinem Lernumfeld für den Fremdsprachenunterricht in der Grundschule ableiten? Welche Grundlagen müssen im Unterricht geschaffen werden, damit der Lerner eine erste Basis in der Fremdsprache erlangen kann? Welche Angebote muss der Unterricht liefern und nach welchen Methoden sollte er verlaufen? Die in diesem Kapitel aufgelisteten Kernaspekte sollen Ihnen als Leitgedanken dabei helfen, einen kindgemäßen und gleichzeitig ergebnisorientierten Fremdsprachenunterricht in der Grundschule initiieren zu können.

3.1 (C) Communication (Kommunikation)

Hauptanliegen jeden sprachlichen Lernens ist die Ausbildung einer kommunikativen Kompetenz in der Fremdsprache. Eine solche beinhaltet die Beherrschung fremdsprachlichen Wortschatzes und grammatikalischer Strukturen sowie die Fähigkeit, diese in der sprachlichen Interaktion mit anderen situationsangemessen und partneradäquat einsetzen zu können (vgl. Bolton 1997 und Bach / Timm 2009). Nach Savignon (2001, S. 17) verfügt der kommunikativ kompetente Sprecher über vier ausgewiesene Kompetenzbereiche: die grammatische Kompetenz, die Diskurskompetenz, also die Fähigkeit, Äußerungen zu einem sinnvollen mündlichen oder schriftlichen Text zusammenzufassen, die soziokulturelle Kompetenz, d.h. das Wissen um die sozialen und kulturellen Regeln des Sprachgebrauchs sowie die strategische Kompetenz, wie z.B. das Umschreiben oder auch Vermeiden von Begrifflichkeiten.

Kommunikative Kompetenz

Grammatische Kompetenz
Diskurskompetenz

Soziokulturelle Kompetenz
Strategische Kompetenz

Im Fremdsprachenunterricht der Grundschule sollen die Kinder erste Grundlagen erwerben, um in der fremden Sprache in authentischen Situationen real handeln zu können. Hierzu müssen sich die Lerner zunächst einen gewissen Pool an Wortschatz und grammatikalischem

3 | Fremdsprachenlernen und -lehren in der Grundschule nach dem CALIFORNIA-Prinzip

Rezeptive und produktive Fertigkeiten
Interkulturelle Kompetenz

Regelwissen aneignen, ihre rezeptiven und produktiven kommunikativen Fertigkeiten (Hören, Sprechen, Lesen, Schreiben und Sprachmittlung) in der fremden Sprache ausbilden sowie Kenntnisse über die kulturelle Dimension von Sprache erwerben.

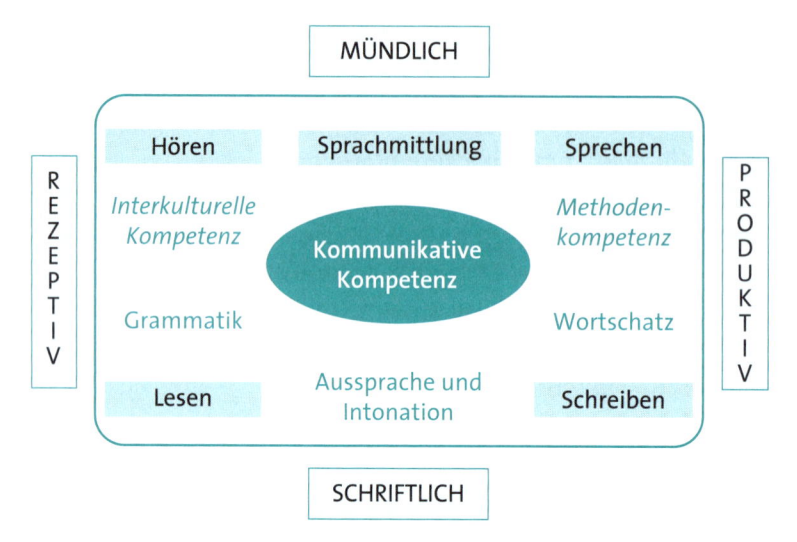

```
                         MÜNDLICH

          Hören      Sprachmittlung     Sprechen
  R                                                  P
  E    Interkulturelle                  Methoden-    R
  Z       Kompetenz                     kompetenz    O
  E                    Kommunikative                 D
  P                     Kompetenz                    U
  T                                                  K
  I      Grammatik                      Wortschatz   T
  V                                                  I
                                                     V
          Lesen       Aussprache und    Schreiben
                        Intonation

                        SCHRIFTLICH
```

Abb. 2: Fertigkeiten, Kompetenzen und sprachliche Mittel kommunikativer Handlungsfähigkeit

Fünf Fertigkeitsbereiche: Hören, Sprechen, Lesen, Schreiben und Sprachmittlung

Die Ausbildung der fünf Fertigkeiten (*skills*) – Hören, Sprechen, Lesen, Schreiben und Sprachmittlung – erfolgt am Anfang des Fremdsprachenunterrichts, ähnlich wie im natürlichen Erwerbsprozess auch, mit unterschiedlicher Intensität. Auf diese Fertigkeitsbereiche und Kompetenzen soll im Folgenden näher eingegangen werden.

3.1.1 Hörverstehen und Sprechen

Das Hauptgewicht des fremdsprachlichen Lernens in der Grundschule liegt zunächst auf der Ausbildung der mündlichen Fertigkeiten, dem Hörverstehen und dem Sprechen. Dabei gilt es zu berücksichtigen, dass Grundschulkinder eben keine Kleinkinder mehr sind, deren Lautsystem und Verständnis von Sprache sich erst noch herausbilden müssen. Die jungen Fremdsprachenlerner verfügen bereits über eine oder vielleicht sogar mehrere Sprachen und entsprechende Kenntnisse in dieser bzw. diesen. Sie haben erkannt, dass Wörter Bedeutungen beinhalten, haben erste grammatikalische Grundkenntnisse erworben und wissen, dass hinter jedem gesprochenen Wort auch ein Schriftbild steht. Diese Kenntnisse können ihnen die Aneignung einer weiteren Sprache erleichtern und den Sprachlernprozess beschleunigen; wie wir gesehen haben, können die muttersprachlichen Vorerfahrungen jedoch durchaus auch zu negativen Interferenzen, d.h. zu falschen Schlussfolgerungen, führen, die es nach und nach zu überwinden gilt. Vor allem aber müssen sich die Lerner in den ersten Wochen mit dem für sie fremden Lautsystem vertraut machen und lernen, ihre Aufmerksamkeit auf den neuen Sprachfluss zu richten. Um die Bedeutung der für sie zunächst inhaltslosen Botschaften entziffern zu können, bedienen sie sich aller Verstehenshilfen, die ihnen in diesem Zusammenhang angeboten werden. Dabei sind visuelle Stützen und die Gestik und Mimik der Lehrkraft ebenso wichtig für den Lernprozess, wie die Einbindung der fremdsprachlichen Äußerungen in einen eindeutigen, den Kindern vertrauten Kontext.

Gestik, Mimik und visuelle Stützen als Verständnishilfe

> **Nachdenkaufgabe**
>
> Stellen Sie sich vor, Sie sind in London am Bahnhof und wollen am Schalter ein Ticket kaufen. Während Sie in der Schlange stehen, denken Sie darüber nach, was Sie sagen werden und was der Verkäufer Sie fragen wird. Welche Redemittel benötigen Sie? Welche Informationen müssen Sie Ihrem Gegenüber geben, damit Sie das bekommen, was Sie wollen? Mit welchen Fragen und Antworten können Sie seitens Ihres Kommunikationspartners rechnen?

Während wir in authentischen Kommunikationssituationen meist gut einschätzen können, was von uns sprachlich verlangt wird, befinden wir uns im Klassenzimmer zunächst einmal in einer fiktiven Kommunikationssituation. Die Lerner können aus dem sie umgebenden Umfeld allein nicht unmittelbar erschließen, welche Wörter und Redemittel sie aktivieren müssen, um den sprachlichen Anforderungen der anstehenden Unterrichtsstunde gewachsen zu sein. Die Aufgabe der Lehrkraft besteht nun also darin, ebensolche „entschlüsselbare" Lernsituationen zu schaffen, wie sie uns auch in natürlichen Erwerbssituationen des Alltags begegnen. Dabei können die Beschreibung einer Situation, reale Gegenstände, Poster oder andere visuelle Stützen ebenso hilfreich sein wie die Aktivierung des Vorwissens der Kinder über themenverwandte Inhalte (über das Wochenende erzählen lassen, um Hobbies einzuführen; über Pausenbrote sprechen, bevor eine Geschichte rund um das Thema Essen gehört wird).

Vorwissen aktivieren

Um sich Sprache aufzubauen und schließlich selbst zu produzieren, benötigt der Lerner ausreichend sprachlichen Input von guten sprachlichen Vorbildern. Darüber hinaus muss den Kindern jedoch auch rasch

Gelegenheit gegeben werden, Sprache selbst anwenden zu können. Das Sprechen selbst hat nämlich eine wichtige Funktion beim Sprachenlernen: Durch eigene Formulierungsversuche werden die vorhandenen rezeptiven Kenntnisse aktiviert und vertieft. Eine zu starke Fokussierung des Unterrichts auf das Verstehen allein verlangsamt den Sprachlernprozess unnötig (vgl. Sambanis 2008, Diehr 2003).

Parallel zum „Einhören" in die Fremdsprache erfolgt deshalb die Förderung des Sprechens. In diesem Zusammenhang erinnern wir uns daran, dass zwar alle Lerner dieselben sprachlichen Entwicklungsstufen durchlaufen – jedoch in unterschiedlicher Geschwindigkeit. Während einige Lerner sofort nach- oder mitsprechen wollen, benötigen andere Kinder eine längere Anlaufzeit, um eigene sprachliche Äußerungen zu tätigen. Gerade solche Lerner sollten zwar immer wieder zum Sprechen animiert, jedoch nicht zur Produktion gezwungen werden.

Freies Sprechen von Anfang an fördern

Zudem sollte beachtet werden, dass Lerner nur dann wirklich Fortschritte in ihren fremdsprachlichen Entwicklungsprozessen machen können, wenn ihnen auch Gelegenheit zur freien Sprachproduktion gegeben wird (vgl. Kolb 2008). Wie die Ergebnisse der Spracherwerbsforschung verdeutlichen, reicht es nicht aus, wenn die Kinder über zwei oder vier Jahre hinweg nur imitativ oder reproduktiv agieren. Vielmehr müssen den Lernern auch Sprechanlässe geboten werden, die es ihnen erlauben, bereits vorhandenes Wissen frei anzuwenden und Vermutungen über mögliche Sprachwendungen anzustellen – auch auf die Gefahr hin, dass sie hier nicht völlig fehlerfrei kommunizieren (vgl. Pienemann / Keßler 2009) und sie ihre Muttersprache zu Hilfe nehmen. In diesem Zusammenhang eignen sich insbesondere Bildbeschreibungen oder der morgendliche Erzählkreis als Anknüpfungspunkte.

3.1.2 Lesen und Schreiben

Die produktiven Fertigkeiten Lesen und Schreiben haben, anders als dies zu Beginn der Einführung des Fremdsprachenunterrichts in der Grundschule der Fall war, mittlerweile einen festen Platz im Unterricht ab der dritten Jahrgangsstufe bekommen. Grundschulkinder sind es bereits gewohnt, in ihrer natürlichen Umwelt (z.B. im Supermarkt) ständig mit englischer Schrift konfrontiert zu werden. Somit ist ein Ausschließen der Schriftlichkeit im Englischunterricht der Grundschule weder authentisch noch für den Gesamtlernprozess dienlich.

Das tragendste Argument für den Einsatz der Schrift im Fremdsprachenunterricht der Grundschule dürfte jedoch das Folgende sein:

> "Once a child has learnt to read and write, it is fictitious to treat him as a nonreader. We can prevent him from seeing the language in writing, but we cannot prevent him from imagining it written in terms of his native language." (Stern 1992)

Grundschulkinder wissen, dass jedes gesprochene Wort auch in schriftlicher Form existiert. Es lässt sich also gar nicht vermeiden, dass die Lerner sich ihre eigenen Gedanken zum Schriftbild der Wörter machen, die ihnen im Unterricht begegnen. Um zu verhindern, dass die rechtschriftlichen Regeln der Muttersprache fälschlicherweise in die Fremdsprache übertragen werden, sollte dem Lerner von Anfang an das korrekte Schriftbild zu all den Redemitteln zur Verfügung gestellt werden, von denen wir erhoffen, dass der Lerner sie aktiv verwendet.

Ein weiteres Argument für den Einbezug der Schriftsprache im Unterricht, das gerade im Hinblick auf die Theorie unterschiedlicher Lernertypen tragen dürfte, ist, dass durch das Lesen und Schreiben Sinneskanäle aktiviert werden, die durch das Hören und Sprechen alleine nicht angesprochen werden können. Auch dient das Schriftbild als Merkhilfe, welche das langfristige Behalten der Wörter fördern kann. In dieser – eher unterstützenden – Funktion sind Übungen zum Lesen und Schreiben im Englischunterricht der Grundschule nicht mehr wegzudenken. Nicht zu vernachlässigen ist schließlich der mitteilende und interaktive Aspekt der schriftlichen Sprache. So sollen die Kinder kurze Texte, wie Postkarten, Glückwunschkarten, E-Mails oder Steckbriefe und kurze Beschreibungen, lesen und selbstständig verfassen können (vgl. z.B. Lehrplan Bayern für Englisch ab Klasse 3).

Schriftbild als Merkhilfe

Dabei ist zu berücksichtigen, dass die Kinder all das, was sie lesen oder schreiben, zunächst mündlich gefestigt haben sollten. Der Fremdsprachenunterricht kann den Kindern aus zeitlichen Gründen nicht genügend Hilfestellung bieten, um längere unbekannte Texte selbstständig erschließen zu können oder freie Texte zu entwerfen. Dazu würden die Lerner zuerst eine intensive Auseinandersetzung mit dem englischen Alphabet benötigen, um einen vertieften Einblick in die fremdsprachliche Phonem-Graphem-Beziehung bekommen zu können. Im Rahmen von zwei Stunden Unterricht kann jedoch nur nach der Ganzwortmethode gearbeitet werden und die Aufgabe der Lerner darin bestehen, ihnen mündlich Bekanntes in schriftlicher Form wiederzuerkennen oder zu reproduzieren.

Viele dieser Argumente tragen schließlich auch, wenn es um die Frage geht, ob die Schrift bereits eingeführt werden sollte, wenn man mit dem fremdsprachlichen Lernen ab Klasse 1 beginnt. Deshalb sprechen sich einige Wissenschaftler dezidiert dafür aus (vgl. Diehr / Rymarczik 2008). Dennoch wird bislang die Schrift nur in Nordrhein-Westfalen ab der ersten Jahrgangsstufe miteinbezogen. In Baden-Württemberg, Rheinland-Pfalz und Brandenburg wird der Unterricht in den ersten beiden Jahrgangsstufen rein mündlich gestaltet.

3.1.3 Sprachmittlung

Die Sprachmittlung wurde als fünfte Fertigkeit erst in jüngster Zeit in die Curricula des fremdsprachlichen Unterrichts integriert (vgl. KMK 2004, S. 16). Mit dem Wissen, dass sich die Muttersprache im Kopf des Lerners nicht einfach ausschalten lässt, soll diese ganz bewusst dazu genutzt werden, um sprachliche Äußerungen und Texte sinngemäß von einer Sprache in die andere zu übertragen. Sprachmittlung ist dabei nicht als bloße Übersetzung zu verstehen, vielmehr geht es um eine Art Dolmetschen und darum, in fremdsprachigen Situationen tatsächlich das mitteilen oder auch vermitteln zu können, was man selbst oder ein anderer sagen möchte. Gedanken und Aussagen, die man in der Muttersprache im Kopf hat, müssen also in die Fremdsprache übertragen werden (Ich muss jemanden fragen, wo die nächste Apotheke ist – wie sage ich das auf Englisch?) und *vice versa*. So kann eine Aufgabe z.B. lauten: *Stell dir vor, du bist mit deinen Eltern in einem Restaurant in London. Deine Mutter spricht kein Englisch und möchte, dass du für sie eine Cola bestellst. Was sagst du?*

Umgekehrt kann die Aufgabe lauten: *Your English pen pal is coming over to Germany, and now she wants to know how she can get from the airport to your house. How can she ask to get the information?*

Sprachmittlung: Anwendung von Sprache in relevanten Routinesituationen

Sprachmittlungsübungen sind immer mit kommunikativ relevanten Routinesituationen verbunden, die aus dem Lebensbereich der Kinder stammen, wie z.B. *At the restaurant, At the market, At the ticket counter* etc.

At the market

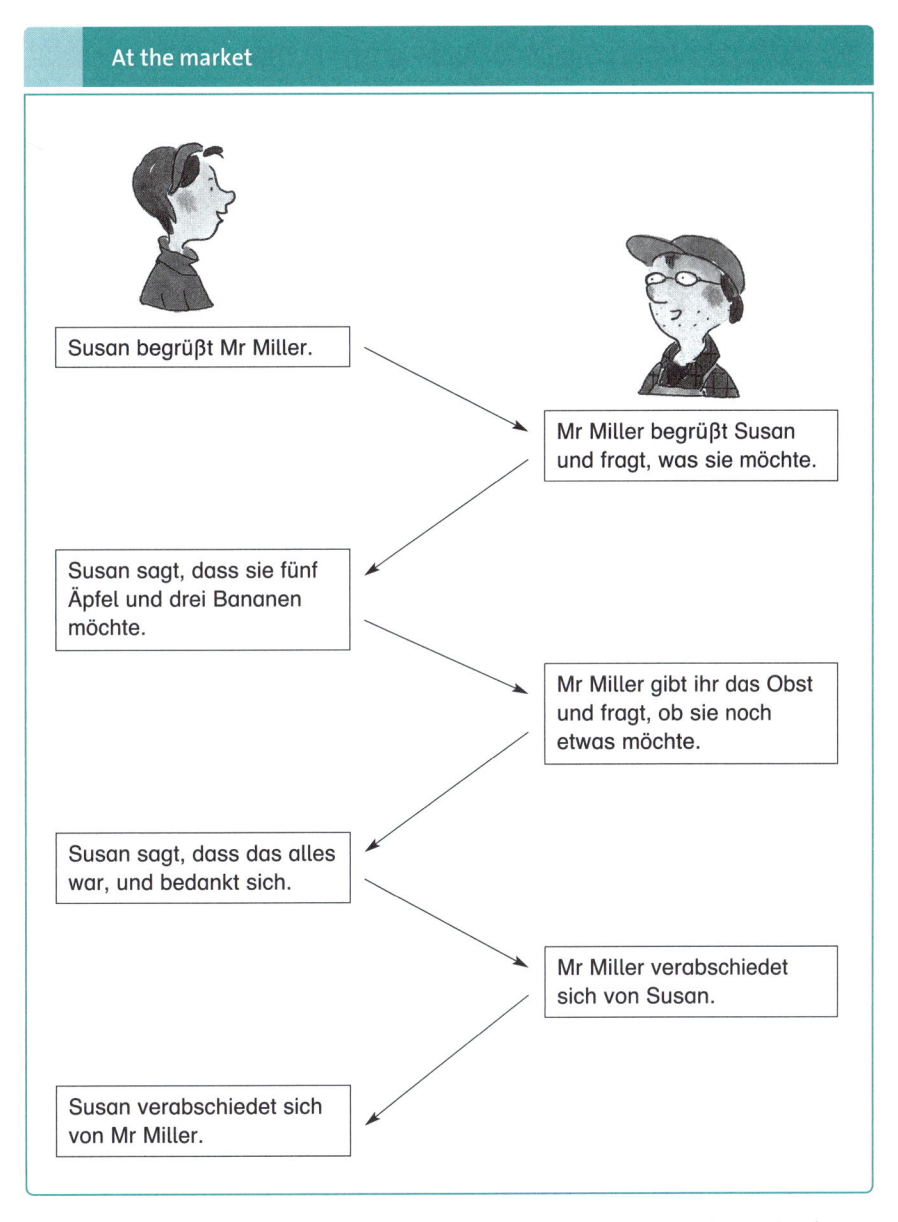

Susan begrüßt Mr Miller.

Mr Miller begrüßt Susan und fragt, was sie möchte.

Susan sagt, dass sie fünf Äpfel und drei Bananen möchte.

Mr Miller gibt ihr das Obst und fragt, ob sie noch etwas möchte.

Susan sagt, dass das alles war, und bedankt sich.

Mr Miller verabschiedet sich von Susan.

Susan verabschiedet sich von Mr Miller.

Abb. 3: Beispiel für Sprachmittlung (aus: Sally D 3 Lehrermaterialien, S. 173, Dialogue-Chain).

3.1.4 Wortschatz und Grammatik

Für die Arbeit mit Wortschatz und Grammatik gilt, dass Wörter und grammatische Strukturen nie isoliert eingeführt, sondern immer in sinnvolle Kommunikationssituationen eingebunden werden sollten. Einzelwörter und Strukturen, die dem Kind zusammenhangslos „bei-

Wortschatz und Grammatik niemals isoliert vermitteln

gebracht" werden, können von ihm nur schwer erfasst oder gespeichert werden, da ihm hier ihre Funktion im Gesamtzusammenhang eines Satzes oder Kontextes nicht deutlich werden kann (vgl. Elsner 2006, S. 14). So bietet sich der fiktive Besuch eines Marktstandes an, um Obstsorten einzuführen, das Wortfeld *clothes* lässt sich gut mit der bevorstehenden Faschingsveranstaltung verbinden und kann in zahlreichen Alltagssituationen weiter geübt werden *(I like your red T-shirt, Tim! What size is it?)*. Auch durch Reime, Lieder oder einfache Geschichten können neue Wörter und grammatische Strukturen eingeführt werden, solange diese eindeutig verstehbar sind (z.B. das Lied *Head and shoulders*) und die zu erlernenden Redemittel anschließend isoliert werden, um in neue, authentische kommunikative Kontexte eingebettet werden zu können.

Kein explizites Regellernen in der Grundschule

Grammatische Regeln werden grundsätzlich nicht explizit gelehrt, sondern nur dann thematisiert, wenn sich dies situativ ergibt. In vielen Situationen ist es jedoch dringend geboten, Regelhaftigkeiten und Ausnahmen der neuen Sprache herauszuarbeiten (z.B. regelmäßige Pluralbildung mit *s* am Ende versus unregelmäßiger Plural wie z.B. bei *sheep/sheep* oder *foot/feet*), um Einsichten zu ermöglichen und falsche Schlussfolgerungen zu vermeiden (vgl. Mindt 2008).

3.1.5 Aussprache und Intonation

Wie wir in Kapitel 2 lernen konnten, ist das phonologische System der Kinder im Grundschulalter noch offen für die Aneignung fremder Laute. Zudem scheuen sie sich meistens noch nicht, fremdsprachliche Klänge nachzuahmen, sondern imitieren gerne und experimentieren freudvoll mit neuen Wörtern und Klängen.

Diese Voraussetzungen sollten deshalb im Grundschulunterricht genutzt werden, um den Kindern von Anfang an eine korrekte Aussprache und gute Intonation in der Fremdsprache zu vermitteln. Wie Michaela Sambanis (2009, S. 6) betont, ist *„eine zumindest verständliche und annähernd korrekte Aussprache […] für das Gelingen von Kommunikation wichtig, da eine schlechte Aussprache oftmals zu verzerrten Mitteilungen, Missverständnissen oder ungewollter Komik führen kann."* Zudem ist es ein schwieriges Unterfangen, einmal falsch gelernte Lautbilder oder inkorrekt betonte Wörter später wieder zu korrigieren. Das genaue Hinhören, das Vergleichen von deutschen und englischen Lauten, das Erkennen von Minimalpaaren (z.B. *eyes* und *ice*) und gezieltes

Aussprachetraining sollten deshalb immer wieder in den Unterricht eingebunden werden.

3.2 (A) Active learning (Aktives Lernen)

Erkläre mir, und ich werde vergessen. Zeige mir, und ich werde mich erinnern. Beteilige mich, und ich werde verstehen!
(Konfuzius 551-479 v. Chr.)

Wie im zweiten Kapitel deutlich wurde, lernt man eine fremde Sprache nicht allein durch Imitation, sondern gleichermaßen durch Entdecken, Erschließen, Ableiten, Hypothesen bilden und Ausprobieren. Sprachenlernen wird damit zu einem aktiven Prozess, in welchem der Lerner die Rolle des Handelnden einnimmt. Aktives Lernen kann deshalb als eines der wichtigsten Prinzipien des fremdsprachlichen Unterrichts angesehen werden.

Für die konkrete Unterrichtsplanung heißt dies, dass dem Lerner Aktivitäten angeboten werden sollten, bei denen Sprache und Handlung spielerisch miteinander verbunden werden können und die in ihrer Form dem Naturell von Grundschulkindern entsprechen.

Sprache und Handeln verknüpfen

Aufgaben und Übungen, die dem Grundschulkind in seinen Eigenschaften gerecht werden (vgl. Kap. 2.3) und die es ihm erlauben, sich aktiv Lerninhalte zu erschließen, ermöglichen dem Kind ein hohes Maß an Selbsttätigkeit, sprechen möglichst viele Sinne an, sind bewegungsbetont, kreativ, gestalterisch und partnerorientiert.

In diesem Kontext ist insbesondere auf zwei Unterrichtsmethoden zu verweisen, die das Prinzip des aktiven, handlungsorientierten Lernens im Fremdsprachenunterricht der Grundschule konkret umsetzen. Die von James Asher (1977) entwickelte Methode des *Total Response* (TPR) entspricht einem multisensorischen, ganzheitlichen Ansatz der Sprachvermittlung, der zunächst auf eine intensive Schulung der Rezeptionsfähigkeit der Lernenden abzielt. Neue Sprach*chunks* (also ganze Spracheinheiten) sollen hier, ähnlich wie im natürlichen Spracherwerbsprozess auch, zunächst nur rezeptiv aufgenommen und mit konkreten Handlungen verknüpft werden, bevor sie aktiv produziert werden. Besonders geeignet ist diese Methode für das erste Lernjahr, in welchem sich die Kinder zunächst mit dem fremden Lautsystem vertraut machen und sich einen Grundwortschatz aufbauen, der

Total Physical Response (TPR)

es ihnen nach und nach selbst ermöglicht, Sprache produktiv zu verwenden.

Konkret heißt dies, dass die Lehrkraft neue Wörter, ganze Sätze oder Anweisungen mit passenden Bewegungen oder Gesten spricht, um die Bedeutung so visuell zu veranschaulichen (*Shake your arm. Put your rubber in your pencil case*). Die Lernenden können sich die Bedeutung der neuen Begriffe durch den eindeutigen Kontext in dieser Phase leicht selbst erschließen. Hiernach folgt die gesamtphysische Reaktion der Kinder, indem sie die Bewegungen der Lehrkraft stumm imitieren, während diese die Begriffe, Sätze oder Anweisungen mehrfach erneut spricht. In dieser Phase können die Lerner die neuen Begriffe gleichsam über das Hören und das Bewegen aufnehmen, speichern und in der von Vygotsky (1978) beschriebenen „inneren Sprache" subvokalisieren.

In weiteren Durchgängen kann die Lehrkraft schließlich auf die Bewegungen verzichten, um zu kontrollieren, ob die Kinder die Bedeutung aufgenommen haben. Nach und nach können diese dann schließlich selbst mitsprechen.

BEISPIEL ZUR EINFÜHRUNG DER BEGRIFFE *RIGHT / LEFT*
This is my right hand

This is my right hand	(mit der rechten Hand winken)
I raise it up high.	(den rechten Arm hochstrecken)
This is my left hand	(mit der linken Hand winken)
I touch the sky.	(den linken Arm hochstrecken)
Right hand,	(rechte Handfläche zeigen)
left hand,	(linke Handfläche zeigen)
roll them around.	(rollende Handbewegungen machen)
Left hand, right hand,	(linke Hand und rechte Hand zeigen)
pound, pound, pound.	(Faust auf Faust setzen)

Aktives Lernen zeichnet sich somit durch die Formel „*learning by doing*" aus.

Der zweite methodische Ansatz, der die Handlung des Lerners in den Mittelpunkt rückt, ist das sogenannte aufgabenorientierte Lernen *(Task*

Based Language Learning). Ziel dieses Unterrichtsansatzes ist es, die Lernenden durch entsprechend angelegte Aufgaben auf reale Kommunikationssituationen außerhalb des Klassenzimmers vorzubereiten (vgl. Willis 1996).

Task Based Language Learning – aufgabenorientiertes Lernen

Aufgaben, die einen solchen Zweck erfüllen, unterliegen nach Müller-Hartmann und Schocker v. Ditfurth (2005, S. 4) folgende Charakteristika:
- Sie enthalten für die Lernenden persönlich bedeutsame Themen.
- Sie lassen unterschiedliche Zugänge und Lösungswege zu.
- Sie haben ein Ziel und ein klar definiertes kommunikatives Ergebnis.
- Sie sind interaktiv, offen und erlauben Lernenden eine aktive Rolle.
- Sie verwenden Sprache so, wie sie auch im Alltag vorkommen könnte.

Die Bearbeitung solcher Aufgaben erfolgt üblicherweise in einem dreischrittigen Verfahren (vgl. Cameron 2001, S. 32).

Während der sogenannten *pre-task* werden den Lernern die zur Aufgabenbewältigung notwendigen Redemittel zur Verfügung gestellt bzw. diese wiederholt, Kontexte geschaffen und Absprachen über mögliche Vorgehensweisen für die Bearbeitung der eigentlichen Aufgabe getroffen.

Vorbereitende Aufgabe – pre-task

3 | Fremdsprachenlernen und -lehren in der Grundschule nach dem CALIFORNIA-Prinzip

Hobbies

riding a horse   riding a mountain bike   playing the guitar
reading books   ice skating   playing the piano   snowboarding
playing football   swimming

1. What are their hobbies? Look and speak.
   Tim's hobby is …

2. What's your hobby?
   My hobby is …

3. Hobbies in your class:
   Make a list and do
   a class survey.

Teddy bear, teddy bear, turn around!

playing football |||| |
reading books ||||

rope skipping

eleven 11

Abb. 4: Task Based Language Learning – aufgabenorientiertes Lernen (aus: Sally 4 Schülerbuch, S. 11)

Aufgabe 1 und 2 in Abb. 4 stellen mögliche Aktivitäten einer solchen vorbereitenden Phase vor. Die Kinder wiederholen hier im Rahmen einer Bildbeschreibung Vokabular und Redemittel rund um das Thema *Hobbies and sports*.

In der daran anschließenden Phase, der sogenannten *target-task*, findet die Bearbeitung der eigentlichen, kommunikativen Aufgabe statt. Im hier gegebenen Beispiel sollen die Kinder eine *class survey*, also eine Erhebung, durchführen, um herauszufinden, welche Hobbies in der Klasse vertreten sind. Diese Aufgabe kann von den Kindern alleine, in Partner- oder Gruppenarbeit durchgeführt werden.

Hauptaufgabe – target-task

Weitere geeignete Aufgabentypen für diese Phase sind z.B. das Vergleichen von Bildern oder Listen, um Unterschiede und Gemeinsamkeiten herauszufinden, das Ordnen von Wörtern oder Gegenständen nach Oberbegriffen bzw. -themen, Listen erstellen, Informationen in Tabellen eintragen, ein Poster zu einem Thema anfertigen oder eine *mind-map* gestalten.

In der letzten Phase, dem sogenannten *follow-up*, präsentieren die Kinder ihre Ergebnisse zunächst der gesamten Klasse. Im Anschluss daran können diverse Folgeaktivitäten eingeleitet werden, die das vorab behandelte Thema ausweiten. Im Zusammenhang mit dem Thema *hobbies and sports* könnte dies beispielsweise das Anfertigen eines Steckbriefes zur eigenen Person sein, das Interview eines Freundes oder Familienmitgliedes über Hobbies, das Erlernen eines *skipping rhymes* usw.

Weiterführende Aufgaben – follow-up

3.3 (L) Language awareness (Sprachbewusstsein)

Das Konzept der *language awareness* wurde in den 1970er Jahren in Großbritannien entwickelt. Der sogenannte *Bullock Report – A Language for Life* hatte 1975 gezeigt, dass im Kontext gesellschaftlicher Mehrsprachigkeit und Multikulturalität großer Bedarf zur Verbesserung des muttersprachlichen Unterrichts bestand (vgl. Sauer 2006, S. 3). Im *National Congress on Languages in Education* wurde der Begriff der *language awareness* geprägt und von Eric Hawkins ein entsprechendes Konzept für den schulischen Unterricht vorgelegt.

In seiner Publikation *Modern Languages in the Curriculum* (1987) stellt Hawkins einen Lernzielkatalog für den Bereich der *language awareness* zusammen, der sich in die folgenden Bereiche untergliedert:

- *The forms of language* (Wodurch und in welcher Form unterscheiden sich Sprachen?)
- *The structure of language* (Was ist ein Wort, eine Silbe, ein Satz? Wie kann Grammatik die Bedeutung von Aussagen verändern?)
- *The language in use* (Was kann man mit Sprache ausdrücken? Wie wird Sprache in unterschiedlichen Kulturen und Situationen verwendet?)
- *Language acquisition (L1 and L2)* (Was ist der Unterschied zwischen dem Erwerb der ersten und zweiten Sprache?)

Das Hauptanliegen der *language-awareness*-Konzeption lag und liegt damit in der Bewusstmachung mutter- und fremdsprachlicher Phänomene sowie im Nachdenken über Sprache im Gebrauch.

Vor dem Hintergrund, dass uns im heutigen Schulalltag die Förderung von Mehrsprachigkeit nicht nur als Bildungsziel obliegt (vgl. Europarat 2001, S. 17), sondern auch im Sinne einer Bildungsvoraussetzung begegnet (etwa ein Drittel aller Grundschulkinder in Deutschland wächst laut Angaben des statistischen Bundesamtes 2007 mit zwei oder mehreren Sprachen auf), erscheint die Integration dieses Konzeptes im heutigen (Fremd-)Sprachenunterricht aktueller denn je. Dem Englischunterricht als „Fenster zur Mehrsprachigkeit" (Kollmeyer 2008) kommt in diesem Kontext die bedeutungsvolle Aufgabe zu, die bereits vorhandenen Sprach- und Kulturerfahrungen der Schülerinnen und Schüler aufzugreifen und mit ihren neuen Lernerfahrungen im schulischen Fremdsprachenunterricht zu verknüpfen. Die unterrichtliche Umsetzung dieser doppelten Zielsetzung verlangt letztlich nach einem Fremdsprachenunterricht, dem es gelingt, vorhandene und zu erlernende Sprachen bewusst aufeinander zu beziehen. Innerhalb eines solchen Unterrichts erhalten vor allem die Herkunftssprachen bilingualer Schülerinnen und Schüler eine neue Qualität, da sie – in ihrer Rolle als Mutter- und somit Bezugssprache – über den bewussten Sprachvergleich mit der Fremdsprache Englisch Ausgangspunkt sprachlicher Reflexionsprozesse werden können.

Das hier ansetzende Konzept der *language awareness* für den Sprachunterricht in Deutschland lässt sich als ganzheitliches Konzept erfassen, welches versucht, diesen Überlegungen gerecht zu werden und sich durch die folgenden Dimensionen kennzeichnen lässt (vgl. Sauer 2006, S. 3):

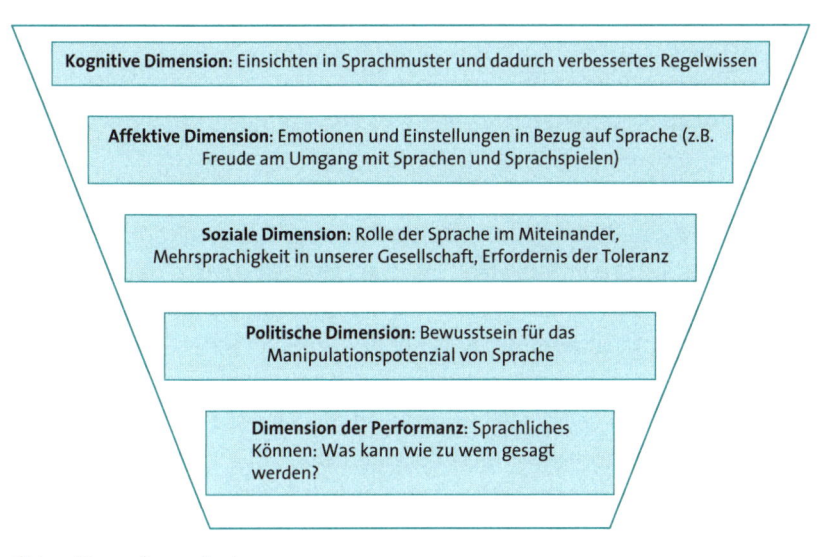

Kognitive Dimension: Einsichten in Sprachmuster und dadurch verbessertes Regelwissen

Affektive Dimension: Emotionen und Einstellungen in Bezug auf Sprache (z.B. Freude am Umgang mit Sprachen und Sprachspielen)

Soziale Dimension: Rolle der Sprache im Miteinander, Mehrsprachigkeit in unserer Gesellschaft, Erfordernis der Toleranz

Politische Dimension: Bewusstsein für das Manipulationspotenzial von Sprache

Dimension der Performanz: Sprachliches Können: Was kann wie zu wem gesagt werden?

Abb. 5: Dimensionen der *language awareness*

Ziel jeglicher Aktivitäten zur Entwicklung von Sprachbewusstsein ist es, bei den Schülerinnen und Schülern Interesse für Sprachen und Kulturen zu wecken, Toleranz für sprachliche Vielfalt herauszubilden und verständlich zu machen, dass Sprache ein System ist, das gewissen Regeln folgt, die sich in unterschiedlichen Sprachen gleichen oder unterscheiden (vgl. Waas 2006). Sprachbewusstmachende Verfahren können letztlich dazu führen, dass bereits Grundschulkinder Sprache genau analysieren, um diese so besser interpretieren und verstehen zu können.

Für die Lehrkraft heißt dies konkret, dass sie im Fremdsprachenunterricht immer wieder Lernsituationen schaffen sollte, die dazu anregen, mehrere Sprachen miteinander zu vergleichen, Gemeinsamkeiten und Unterschiede dieser wahrzunehmen und neue sprachliche Phänomene vor dem Hintergrund bereits vorhandener Sprachkenntnisse zu reflektieren, um so ein erstes mehrsprachiges Bewusstsein anzubahnen (vgl. Elsner 2009 a; Elsner / Wedewer 2009).

Beispiele für language awareness

Reflecting about language
Im Englischen steht *I have ... for breakfast* sowohl für Speisen als auch für Getränke. Im Deutschen unterscheidet man zwischen *Ich esse ... zum Frühstück / Ich trinke ... zum Frühstück*.
Wie ist das in anderen Sprachen, die du kennst oder sogar sprichst?

Während *Pommes Frites* im britischen Englisch mit *chips* übersetzt werden, heißen diese im amerikanischen Englisch *french fries*. Woher stammt das Wort *Pommes Frites*? Wie lassen sich *french fries* und *Pommes Frites* ins Deutsche übersetzen? Was sind Chips bei uns? Kennst du die Bezeichnung für *Pommes Frites* in anderen Sprachen?

Game: Is it English or not? Whispering game (Klasse 1-4)
Die Kinder sitzen im Kreis und überlegen sich ein englisches Wortfeld, das bereits im Unterricht bearbeitet wurde (z.B. *animals*). Ein Kind flüstert nun einen Tiernamen oder einen ganzen Satz auf Englisch oder in einer anderen Sprache in das Ohr seines rechten Nachbarn – dieser Satz oder Name wird weitergeflüstert, bis er beim letzten Kind angekommen ist. Dieses muss den Begriff laut sprechen und auf Englisch sagen, aus welcher Sprache das Wort kommt.

Things in our classroom (Klasse 3-4)
Gegenstände im Klassenzimmer werden nicht nur mit neu erlernten englischen Bezeichnungen beschriftet, sondern auch in den vorhandenen Muttersprachen. Dabei lässt sich gut feststellen, welche Sprachen bestimmte und unbestimmte Artikel unterscheiden oder welche Sprachen gar keine Artikel verwenden.

3.4 (I) Intercultural Understanding (Interkulturelles Verständnis)

Im Kontext zunehmender internationaler Kooperation und Verflechtung innerhalb Europas und darüber hinaus erhält die Ausbildung einer interkulturellen Kompetenz neben der Entwicklung von Mehrsprachigkeit einen immer höheren Stellenwert. Entsprechend wird die Anbahnung einer solchen nicht nur im Gemeinsamen Europäischen Referenzrahmen für Sprachen (Europarat 2001) als übergeordnetes

Lernziel gefordert, sondern ebenso in den Lehrplänen für den Fremdsprachenunterricht in der Grundschule. Laurenz Volkmann definiert interkulturelle Kompetenz als die

> „Fähigkeit und Fertigkeit von Fremdsprachenlernern [...] über Differenzen zwischen der eigenen und der Zielkultur zu wissen, diese in konkreten Situationen zu erkennen und Strategien zu entwickeln, einfühlsam auf die Gepflogenheiten der anderen Kultur einzugehen." (Volkmann 2002, S.12)

Nachdenkaufgabe

Wie würden Sie einem ausländischen Besucher die deutsche Kultur beschreiben? Was halten Sie für „typisch britisch" oder „typisch amerikanisch"?

Dem Begriff der Kultur liegen zahlreiche, äußerst unterschiedliche Definitionen zugrunde. Zum einen umfasst Kultur die historisch geformten und durch verschiedene Sozialisationsformen, wie beispielsweise Schule, Politik, Kirche und Familie, vermittelten Wahrnehmungs-, Verhaltens-, Denk- und Handlungsweisen einer Gesellschaft; zum anderen umschließt Kultur ebenso die medialen und künstlerischen Phänomene in einem Gesellschaftssystem (vgl. Lüsebrink 2003, S.63). Kultur ist dabei jedoch als dynamisches Konstrukt zu verstehen, das sich – insbesondere vor dem Hintergrund zunehmender Migrationsprozesse – stets verändert. Entsprechend unmöglich ist es, „die" deutsche oder „die" britische Kultur klar zu definieren.

Kulturbegriff

Im fremdsprachlichen Unterricht beziehen wir uns häufig auf „Kulturstandards", wenn wir versuchen, den Kindern typische Charakteristika, wie Rituale, Lebensweisen, Normen und Werte eines anderen Landes darzustellen. Kulturstandards bezeichnen die Arten des Wahrnehmens, Denkens und Handelns, die von der Mehrheit der Mitglieder eines Kulturkreises als „normal", „selbstverständlich", „typisch" und „verbindlich" anerkannt werden (vgl. Thomas 1993, S. 380 f.).

Kulturstandards

Über den Prozess des interkulturellen Lernens sollen Grundschulkinder eine tolerante und offene Haltung gegenüber solch kulturspezifischen Phänomenen aufbauen, Empathie für Menschen fremder Kulturen empfinden können und ihre eigene kulturelle Identität als eine mögliche, jedoch nicht universale überdenken.

Aufbau von Toleranz und Offenheit gegenüber anderen Kulturen

Byram (1997) zufolge entwickelt sich interkulturelle Kompetenz auf unterschiedlichen Ebenen. Auf der kognitiven Ebene eignen sich

Dimensionen interkultureller Kompetenz nach Byram

Wissen — Grundschüler Wissen (*knowledge*) über das Zielsprachenland und dessen Kultur an (in England gibt es eine Königin; man fährt dort auf der linken Straßenseite; in den USA gibt es keinen zweiten Weihnachtsfeiertag). Auf der affektiven Ebene sollen die Kinder eine offene Haltung und positive oder zumindest wertneutrale Einstellung (*attitudes*) zu fremden Kulturen erlangen und vor diesem Hintergrund ihre eigene Kultur reflektieren und gegebenenfalls relativieren, indem sie z.B. Lieder, Spiele oder Reime aus der anderen Kultur kennenlernen, erfahren wie der Alltag eines englischen Kindes im Vergleich zum eigenen aussieht oder zum ersten Mal eine *tea time* mit *scones* und *sandwiches* initiieren. Auf der Ebene der Fertigkeiten (*skills*) setzen sich die Kinder mit fremdkulturellen Texten, wie z.B. *storybooks*, auseinander, wechseln dabei die Perspektive (z.B. in Form von Rollenspielen oder szenischen Darstellungen), entdecken Neues (in Australien gibt es ganz andere Verkehrszeichen als bei uns) und kommunizieren, z.B. via E-Mail oder in Form einer Brieffreundschaft, mit Partnern aus der Zielsprachenkultur. Stereotype sollten innerhalb dieser Lernprozesse als solche gekennzeichnet werden (Engländer essen zum Frühstück Bohnen und Speck; Schotten tragen Schottenröcke und spielen Dudelsack), Vorurteile (Amerikaner ernähren sich ungesund) sollten vermieden bzw. abgebaut werden. Bei allen Aktivitäten zum Aufbau interkulturellen Bewusstseins ist es wichtig, darauf zu achten, dass Vergleiche der englischsprachigen Kultur nicht nur mit der deutschen Kultur angestellt werden, sondern die Kulturen der Kinder mit Migrationshintergrund ebenso miteinbezogen werden.

(Einstellungen, Fertigkeiten — Marginalien)

3.5 (F) Fun (Spaß)

Im zweiten Kapitel wurde deutlich, dass die Motivation eines Lerners ein wesentliches Zahnrad im fremdsprachlichen Lernprozess ist. Alle Aktivitäten, die dem Kind Freude bereiten, wird es mit Interesse und Ausdauer verfolgen und Ausdauer führt bekanntlich häufig zum Erreichen eines Ziels. Insbesondere spielerische Aktivitäten und entdeckendes Lernen erweisen sich für Grundschulkinder als intrinsisch motivierte und lustvoll empfundene Tätigkeiten, die die ganzheitliche Verarbeitung von Sprache in kontextgebundenen Zusammenhängen fördern. Das spielerische Lernen wird deshalb in den Richtlinien für den Fremdsprachenunterricht der Grundschule einheitlich als geeignetes Verfahren im Sinne eines ganzheitlichen, aktiven und grundschulgemäßen Lernens hervorgehoben. Lernspiele bieten den Kindern die Gelegenheit, ihre fremdsprachlichen Kenntnisse in Situationen, in denen sie aktiv beteiligt und an denen sie persönlich interessiert sind, anzuwenden, einzuüben und zu vertiefen (vgl. Wright et al. 2002, S. I). Die Möglichkeiten des interaktiven Erprobens und der intensiven Auseinandersetzung mit der Fremdsprache im Spiel begünstigen die fremdsprachliche Hypothesenbildung im Sinne einer erwerbsnahen Aneignung von Sprache. Im Spiel lernt das Kind unbewusst, denn das Spielziel ist meist ein anderes als das Lernziel, und als Spieler fühlt man sich deshalb frei von Leistungsdruck (vgl. Stein 1999). Ein gutes Beispiel hierfür ist das folgende Spiel:

Spielziel und Lernziel sind häufig unterschiedlich

Beispiel: What's on my back?
Einem Kind wird mit einer Wäscheklammer ein Zettel oder ein Bild auf den Rücken geheftet. Das Kind muss nun erraten, was auf dem Zettel abgebildet bzw. geschrieben ist, indem es Fragen an die Mitschüler stellt: *Is it a small pet? Is it fast? Is it a dog?* etc. Der Begriff stammt dabei aus einem eingegrenzten und bekannten Themenfeld (z.B. *cat* im Themenkreis *pets*).

Auf der Lernzielebene geht es bei diesem Spiel darum, dass die Kinder den bekannten Wortschatz wiederholen, üben und festigen und dass sie diesen in sinnvolle Satzstrukturen, Fragen und Antworten einbauen. Das Spielziel liegt für das Kind jedoch darin, so schnell und mit so wenigen Fragen wie möglich herauszufinden, was es auf seinem Rücken trägt.

3.6 (O) Orientation (Lernerorientierung)

Ein wichtiges Prinzip im fremdsprachlichen Unterricht ist das der Lernerorientierung. Für Ulf Ehlers (2002, S. 12) impliziert diese die Berücksichtigung und Vermittlung von *„Kompetenzen, die Lerner überhaupt erst in die Lage versetzen, reflektiert mit entsprechenden Angeboten umzugehen, deren Potenziale zu erkennen und für den eigenen Prozess zu nutzen."*

Lernerorientierung

Differenzierende Inhalte und Methoden

Auch im fremdsprachlichen Unterricht muss es darum gehen, den Lerner mit differenzierenden Inhalten und Methoden zu konfrontieren, die es ihm ermöglichen, seine individuellen Stärken herauszuarbeiten und zu festigen sowie seine Schwächen zu erkennen und gegebenenfalls zu überwinden lernen. Bei einer Klassengröße von häufig mehr als 25 Kindern ist dies sicherlich ein anspruchsvolles, jedoch kein unmögliches Vorhaben.

In Kapitel 2 wurden die verschiedenen Lerntypen thematisiert. Fremdsprachliche Aufgabenformate können hierauf deutlich abgestimmt werden. So können Kreuzworträtsel und Knobelspiele dem linguistischen Lerntypen entgegenkommen, das Zeichnen oder Lesen von Stadtplänen und Landkarten für den naturalistischen Lerntyp besonders interessant sein oder Bildvergleiche den visuellen Lerntypen erfreuen, während eine solche Aufgabe dem auditiven Lerntypen vielleicht mehr herausfordert.

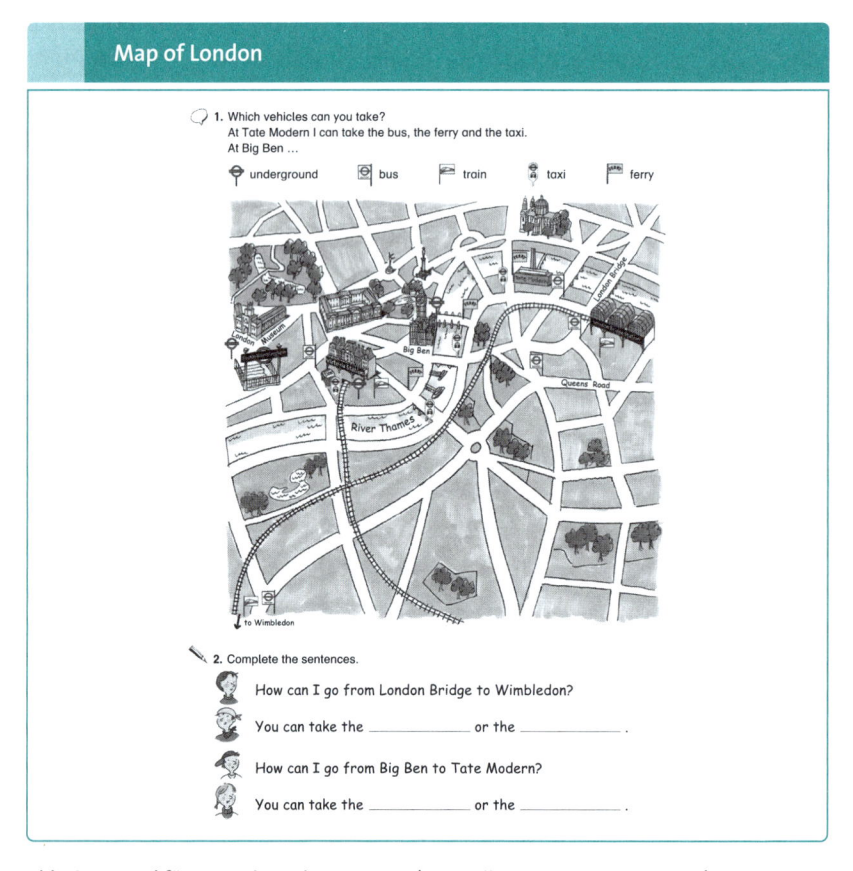

Abb. 6: Beispiel für naturalistischen Zugang (aus: Sally D 4 Activity Book, S. 27)

Abb. 7: Beispiel für visuellen Zugang (aus: Sally D 3 Activity Book, S. 12)

Lernerorientierter Unterricht berücksichtigt schließlich auch das unterschiedliche Tempo, mit dem die Schülerinnen und Schüler die neue Fremdsprache erlernen und versteht es ebenso, bei kognitiv anspruchsvollen Aufgaben nach unten zu differenzieren, wie bei einfachen Übungen zusätzliche Herausforderungen für die Kinder zu schaffen, die bereits ein höheres Sprachniveau erreicht haben.

So kann z.B. eine *flow chart* zur Sprachmittlung für einige Kinder eine im positiven Sinne kognitiv herausfordernde Übung sein, jedoch für manch anderes Kind eine deutliche Überforderung darstellen, da der Wechsel von einer Sprache zur anderen Denkleistungen auf der Metaebene verlangt, die nicht immer von allen Lernern gleich gut leistbar sind. Dennoch sollten alle Lerner üben, einen Dialog zu führen. Entsprechend kann eine Differenzierung wie folgt aussehen:

Lerntypengerechtes Lernen

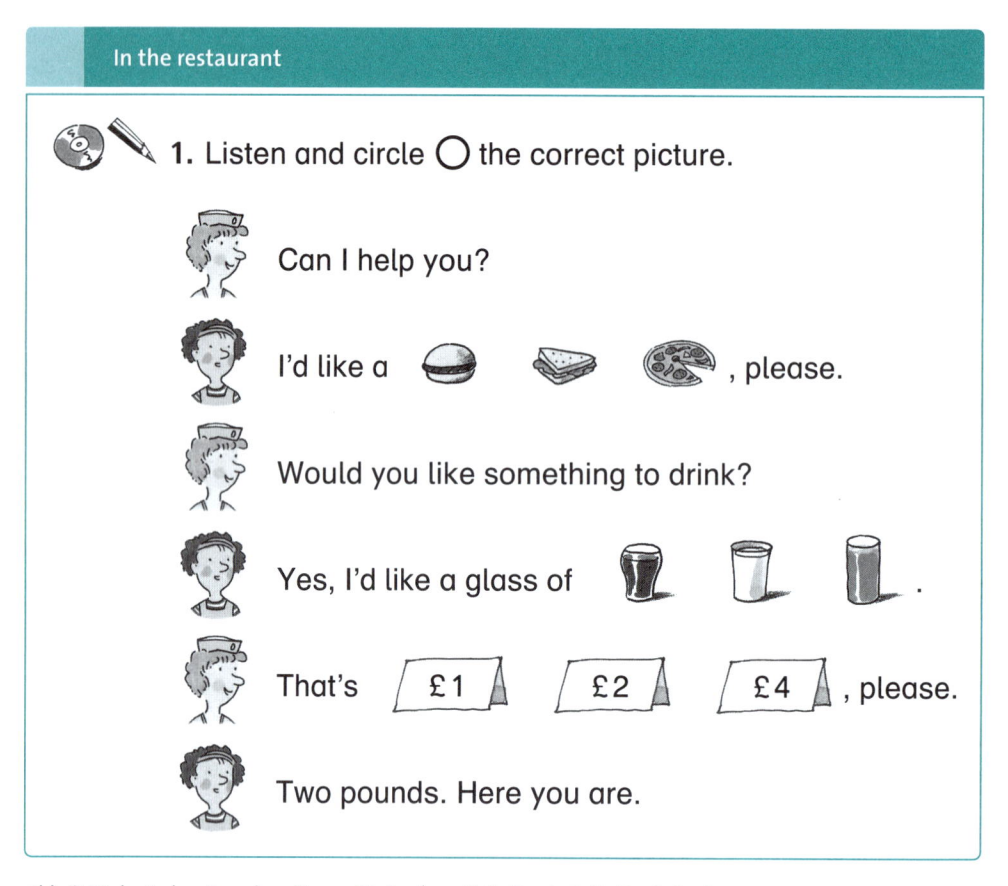

3 | Fremdsprachenlernen und -lehren in der Grundschule nach dem CALIFORNIA-Prinzip

In the restaurant

1. Listen and circle ○ the correct picture.

Can I help you?

I'd like a 🍔 🥪 🍕 , please.

Would you like something to drink?

Yes, I'd like a glass of 🥛 🥛 🥛 .

That's £1 £2 £4 , please.

Two pounds. Here you are.

Abb. 8: Dialogisches Sprechen üben – Stufe 1 (aus: Sally D 4 Activity Book, S. 15)

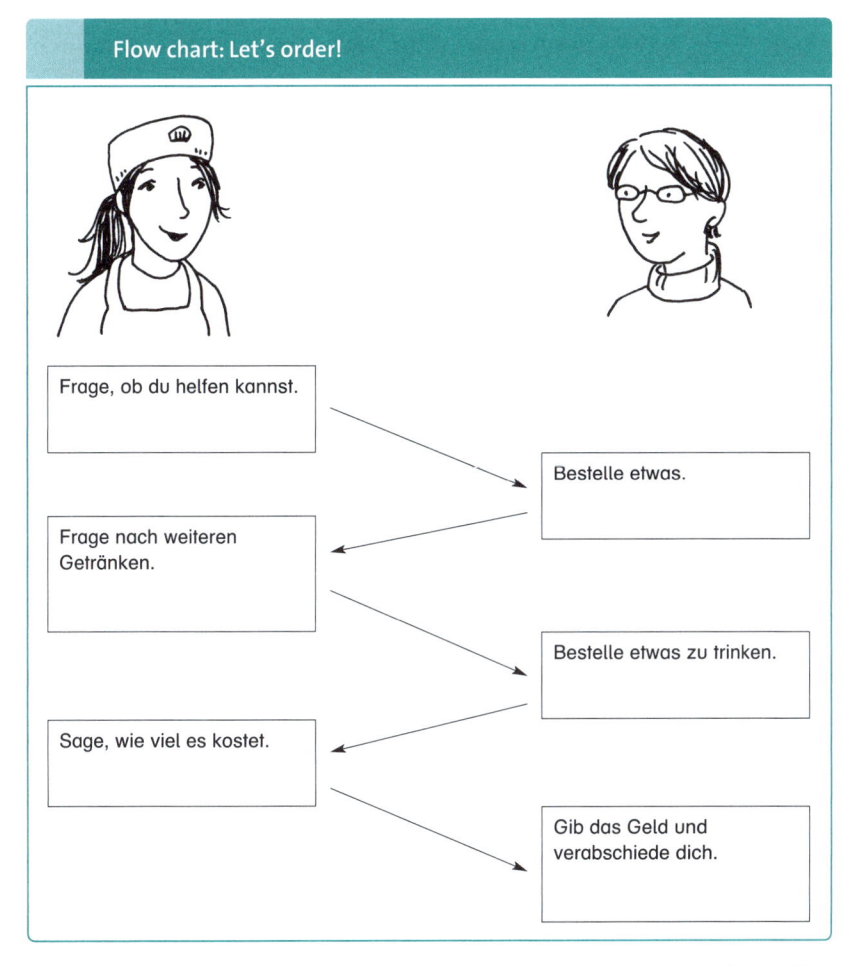

> **Flow chart: Let's order!**
>
> - Frage, ob du helfen kannst. → Bestelle etwas.
> - Frage nach weiteren Getränken. → Bestelle etwas zu trinken.
> - Sage, wie viel es kostet. → Gib das Geld und verabschiede dich.

Abb. 9: Dialogisches Sprechen üben – Stufe 3: *Flow chart* zur Sprachmediation (aus: Sally 4 Lehrermaterialien, S. 59)

Im lernerorientierten Unterricht sollten schließlich auch geschlechterspezifische Interessen berücksichtigt werden. Viele Grundschullehrwerke werden von weiblichen Autorinnen entwickelt, hinzu kommt, dass die meisten Lehrkräfte in der Grundschule ebenfalls weiblichen Geschlechts sind. Dies mag vielleicht dazu führen, dass die Themen und Inhalte des Fremdsprachenunterrichts eher die Interessen von Mädchen als die von Jungen ansprechen. Entsprechend wichtig ist es, hier auf eine gute Balance zu achten und Inhalte und Themen so auszuwählen, dass sie allen Beteiligten gerecht werden können. So mag beim Thema *vehicles* die Geschichte der *Wright Brothers* als erste Flugzeugkonstrukteure vielleicht besonders die Techniker und Entdecker in der

Berücksichtigung geschlechterspezifischer Interessen

Klasse interessieren und sie zum Mitreden anregen, während andere lieber ihr eigenes Fahrzeug kreativ gestalten und dieses dann der Klasse in der Fremdsprache vorstellen.

Nicht zuletzt bedeutet Lernerorientierung die Konzentration auf Themen, die der kindlichen Lebenswelt entspringen, die zeitgemäß sind und Redemittel verlangen, die die Kinder auch außerhalb der Schule anwenden können. Dabei sollten schließlich auch Lerntechniken vermittelt werden, die dem Schüler bzw. der Schülerin dabei helfen, sich die Fremdsprache autonom anzueignen. Eine E-Mail lesen und schreiben können, wissen, wie man mit einem fremdsprachigen Wörterbuch umgeht oder darüber nachdenken, wie man sich Wörter am besten merken kann – das sind Lernbereiche, die im Fremdsprachenunterricht einen festen Platz bekommen sollten.

Kindgemäße Themen

3.7 (R) Repetition (Wiederholung)

In einem Aufsatz zur Funktion des Gehirns im Kontext der Informationsverarbeitung verweist der Neurowissenschaftler Stefan Knecht (2008) auf die Relevanz von Wiederholungen in Bezug auf erfolgreiches Lernen. Seiner Aussage nach können dauerhafte Veränderungen im Gehirn tatsächlich nur dann eintreten, wenn Reize wiederholt im Gehirn eintreffen (S. 515). Dabei müssen solche Wiederholungen „in einem aktiven und bedeutungsvollen Kontext eintreffen" (ebd.), eine ausschließlich passive Stimulationswiederholung führe nach Aussage Knechts lediglich zu geringen Veränderungen der neuronalen Netzwerke.

Als „bedeutungsvolle Kontexte" definiert der Autor solche, die „persönlich relevant, also mit Aufmerksamkeit, Emotion, Neuigkeit oder Belohnung" verknüpft sind (ebd.).

Wiederholungen in bedeutungsvollen und variierenden Kontexten

Was heißt dies nun konkret für das fremdsprachliche Lernen? All das, was der Lerner aus dem sprachlichen Input, den wir ihm anbieten, tatsächlich auch behalten soll, müssen wir ihm mehrfach und in immer wieder neuen Situationen und Kontexten präsentieren. Lernen Kinder die Körperteile zunächst durch das Lied *Head and shoulders* kennen, so müssen wir davon ausgehen, dass es nicht ausreicht, sie immer wieder dieses Lied singen zu lassen, wenn wir erwarten, dass sie die neuen Begriffe auch in anderen Kommunikationssituationen wieder erkennen oder gar selbst anwenden sollen. Über die zwei Lernjahre hinweg müssen vielmehr alle Wörter und Redemittel, die sich die Kinder aneignen sollen, stets mit neuen Themen verbunden und wiederholt aufgegriffen werden. So kann das Thema Körperteile im nächsten Reim wieder auftauchen, zu *Halloween* bei der Beschreibung der Skelette und Monster dienlich sein, beim Thema *animals* zum Vergleich mit den „tierischen Körperteilen" anregen oder der fiktive Besuch beim Arzt nachgestellt werden. Als Lehrkraft müssen wir uns darüber im Klaren sein, dass man Wörter und Redemittel, die gelernt werden sollen, nicht einfach „abhaken" und davon ausgehen kann, dass das Kind diese dann für immer und ewig kennt. Denn genauso schnell, wie die Kinder vielleicht neue Lerninhalte aufnehmen, genauso zügig vergessen sie im Zweifel das Erlernte auch wieder, wenn sie es nicht immer wieder anwenden dürfen.

3.8 (N) Networking (Vernetztes Lernen)

Eine fremde Sprache lernt man letztlich nur dadurch, dass man sie so häufig wie möglich verwendet. Da zwei Stunden Lernzeit in der Woche nicht gerade viel sind, sind wir als Lehrkräfte dazu angehalten, diese Zeit so gut wie möglich zu nutzen und die Kinder so häufig wie möglich mit der fremden Sprache zu konfrontieren; so viel Einsprachigkeit wie möglich, sollte die entsprechende Devise im Fremdsprachenunterricht lauten. Darüber hinaus sollte die Fremdsprache auch in andere Lernbereiche integriert werden – und umgekehrt. Vor diesem Hintergrund verweisen auch die Bildungsstandards sowie Lehr- und Rahmenpläne auf die Notwendigkeit des fächerübergreifenden Arbeitens. So lässt sich die Kopfrechenphase im Mathematikunterricht genauso gut auf Englisch durchführen, wenn die Zahlbegriffe vorhanden sind; im Musikunterricht kann ein englischsprachiges Lied eingeübt werden oder die Anweisung in der Aufwärmphase im Sportunterricht auf Englisch erfolgen. Auf der anderen Seite lassen sich die Themen des Englischunterrichts in der Grundschule leicht mit sachfachlichen Inhalten verknüpfen (vgl. hierzu Kap. 5.6). Der Vorteil bei der Bearbeitung sachfachlicher Inhalte liegt vor allen Dingen darin, dass die Lerner, wenn sie sich mit solch eher anspruchsvollen und komplexen Themen und Fragestellungen in der Fremdsprache auseinandersetzen, intensiv nachdenken müssen, um diese zu durchdringen. Diese ausgeprägte Informationsverarbeitung führt schließlich auch dazu, dass die Lerner sich

Fächerübergreifendes Arbeiten

intensiver mit den fremdsprachlichen Begrifflichkeiten auseinandersetzen und diese in ihrer Bedeutung tiefer durchdringen (vgl. Wolff 2008), als dies sonst beim schulischen Fremdsprachenlernen der Fall ist.

Für die Planung fächerübergreifenden oder fächerverbindenen Unterrichts bietet es sich an, zum jeweiligen Themenkomplex vorab eine *mind-map* anzulegen und zu überlegen, welche Bereiche man sinnvollerweise miteinander verknüpfen kann.

Dies kann in etwa so aussehen:

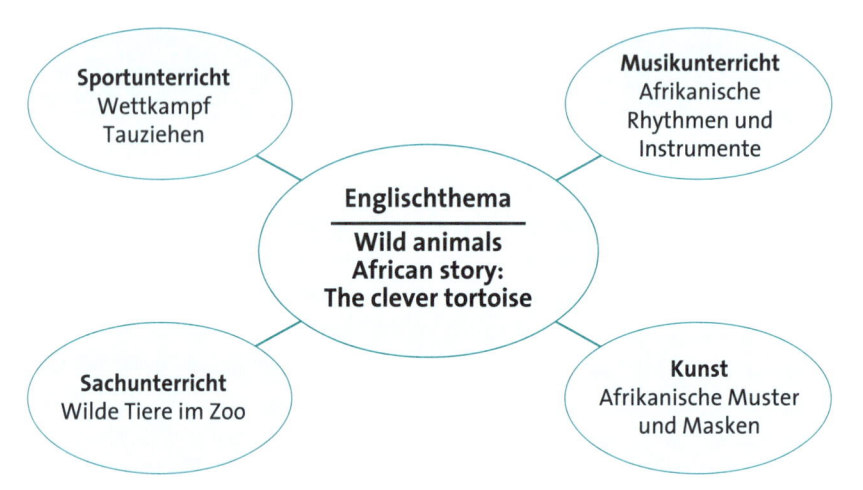

Abb. 10: *Mind-map* zum fächerverbindenden Unterricht (Schwerpunkt *Wild animals*)

3.9 (I) Integration (Integration)

Ein wesentlicher Aspekt grundschulgemäßen Fremdsprachenlernens ist die Integration möglichst vieler Unterrichtsmethoden und Sozialformen. Das heißt, der Fremdsprachenunterricht sollte sich niemals nur einer Richtung verschreiben, sondern auf möglichst viele Lehr- und Lernformen zurückgreifen. So sollte neben der Einzelarbeit auch die Gruppen- und Partnerarbeit regelmäßig initiiert werden, damit die Kinder die fremde Sprache auch untereinander anwenden und der Unterricht nicht nur durch Lehrer-Schüler-Interaktion bestimmt wird.

Variation der Methoden und Sozialformen

Das Ziel, eine gelöste Lernatmosphäre zu schaffen, in der ein Lernen ohne Druck stattfinden kann, sollte die Auswahl jeglicher Lehr- und Lernmittel bestimmen. Denn ein entspanntes Unterrichtsklima ist die wohl wichtigste Voraussetzung dafür, dass fremdsprachliche Lernprozesse überhaupt erfolgreich verlaufen können.

Neben der *Total Physical Response* oder dem *Task Based Language Learning*, zwei Methoden, die bereits weiter oben unter dem Stichpunkt *activity* dargestellt wurden, bietet sich im Fremdsprachenunterricht der Grundschule das *discovery learning* (Mayer 2006) an. Hier geht es vor allem darum, dass die Schülerinnen und Schüler einfache Versuche in der Fremdsprache durchführen, die sich thematisch an der jeweiligen Unterrichtseinheit orientieren. So können die Kinder z.B. in der Einheit *breakfast* Sahne so lange schlagen, bis sie zu Butter wird und versuchen, diesen Vorgang auf Englisch zu beschreiben, oder beim Thema *birthday* herausfinden, warum ein Ballon nicht platzt, wenn man ihn mit einem Klebestreifen präpariert, bevor man mit der Nadel hineinsticht (vgl. ebd., S. 63). Die Kinder können hier insbesondere bei der Versuchsbeschreibung Redemittel festigen und in sinnvollen Kontexten anwenden.

discovery learning - entdeckendes Lernen

Zur Festigung und Übung von Vokabular sowie zur Wiederholung von Liedern und Reimen bietet sich das Lernen an Stationen an. Die Schülerinnen und Schüler können dabei selbst entscheiden, was sie noch intensiver üben müssen und wie lange sie an den entsprechenden Stationen verweilen wollen. Wichtig ist hierbei, dass die Stationen vorab gemeinsam mit der Lehrkraft durchlaufen und auf Englisch erklärt werden, um später einen reibungslosen Ablauf zu gewährleisten.

Lernen an Stationen

Auch können bereits kleinere Projekte in der Fremdsprache durchgeführt werden. Besonders motivierend sind Begegnungsprojekte mit Partnerklassen aus nicht-deutschsprachigen Ländern. Mit diesen Kindern kann man sich über E-Mail oder Briefkontakt zu verschiedenen Themen austauschen sowie regelmäßige Treffen zum Chatten im Internet vereinbaren. Die bundesweite Koordinationsstelle „e-twinning" bietet für deutsche Klassen unter http://www.etwinning.de/mitmachen/schulsuche/index.php die Möglichkeit, nach ausländischen Partnerschulen zu suchen, um gemeinsam an einem Projekt zu arbeiten oder einfach nur eine E-Mail-Partnerschaft ins Leben zu rufen.

Projektorientiertes Lernen

E-Mail-Partnerschaften

3.10 (A) Authenticity (Authentizität)

Das Prinzip der Authentizität kommt im Rahmen fremdsprachlicher Lernprozesse in zweierlei Hinsicht zum Tragen. Zum einen geht es um den Einsatz von und den Umgang mit authentischen Materialien und Texten, zum anderen wird die Verwendung authentischer Sprache und der damit verbundene authentische Sprachgebrauch im Fremdsprachenunterricht gefordert. Auf dieser Ebene geht es neben den fremdsprachlichen Redemitteln vor allem um den Lerner selbst und darum, welche Bedeutung und Funktion unterrichtliche Inhalte und Aufgaben für ihn persönlich haben.

Authentische Materialien und authentischer Sprachgebrauch

3.10.1 Authentische Texte

Für Freda Mishan (2005) zeichnen sich authentische Texte dadurch aus, dass diese einen *"original communicative purpose"*, also ein reales kommunikatives Anliegen haben. Dies trifft vor allem auf solche Texte zu, die von *"native speakers in culturally authentic contexts"* verwendet werden (Kramsch et al. 2000, S. 78).

Für Krashen (1996, S. 22) sind Texte bereits dann authentisch, wenn sie von *"native speakers for native speakers"* geschrieben wurden und somit keinem Unterrichtszweck (*teaching purposes*, Lee 1995) dienen.

Zur Kategorie „authentische Texte" zählen neben Zeitungsartikeln, Bedienungsanleitungen, Kochrezepten, Fahrplänen und Informationsbroschüren auch Lieder, Reime, Rätsel, Geschichten und Bilderbücher aus englischsprachigen Ländern.

Für den Einsatz authentischer Texte lassen sich mehrere Gründe anführen. So liefern einfache und kindgemäße authentische Texte, wie *nursery rhymes*, Bilderbuchgeschichten oder Kinderlieder, ein gutes Maß an verständlichem und vor allem motivierendem Input. Zudem transportieren solche Texte unmittelbar wertvolle kulturelle Informationen, da sie Teile der englischsprachigen (Kinder-)Kultur repräsentieren. Insbesondere kleinere Sachtexte, wie Stundenpläne, Speisekarten, Zeitungsausschnitte, Schilder und Beschriftungen, geben einen echten Einblick in die englischsprachige Wirklichkeit.

nursery rhymes, stories und *songs*

Auch wirkt sich der Einsatz authentischer Texte und authentischer Unterrichtsmaterialien, wie Realia, Filme oder Fersehsendungen, positiv auf die Motivation der Lerner aus, wie einige Studien (z.B. Guariento / Morley 2001; Lennon 2002) belegen können.

Nicht zuletzt werden durch die Auseinandersetzung mit authentischen Materialen der „Ernstfall" geprobt und die Kinder auf „echte" kommunikative Situationen vorbereitet.

Dennoch können authentische Texte trotz all ihrer Vorteile nicht beliebig im Fremdsprachenunterricht der Grundschule eingesetzt werden. So verweist Richards (2001) darauf, dass authentisches Material für den Fremdsprachenlerner oft zu schwierig sein kann; insbesondere Hörtexte können den Lernern Verständnisschwierigkeiten bereiten, wenn diese von *native speakers* im gewohnt schnellen Tempo gesprochen werden. Martinez (2002) gibt zu bedenken, dass authentische Materialien in Einzelfällen aufgrund ihrer Kulturspezifik zu Interpretationsschwierigkeiten führen können. Um diese Bedenken zu entschärfen, sei zunächst darauf verwiesen, dass sprachlich und inhaltlich Anspruchsvolles den Lerner nicht abschrecken muss, sondern im Gegenteil, sein Interesse wecken kann: *"Learners [...] like to have glimpses of something that is just a little beyond them. We all dislike unnecessary triviality."* (Sweet 1899, S. 180)

Eignung und Passung authentischer Texte

Trotzdem dürfen die ausgewählten Materialien und Texte den Lerner nicht überfordern und frustrieren. Vollmuth (2004) rät in Anlehnung an Krashen (1996) deshalb zu einem dreistufigen Verfahren in Bezug auf den Einsatz authentischer Texte. Begonnen wird mit *artificially constructed texts*, welche auf die Interessen und Sprachkompetenz der Lernenden abgestimmt sind. Diese werden zunehmend durch *light authentic texts* ergänzt und im weiteren Sprachlernprozess von *authentic difficult texts* abgelöst.

Vom didaktisierten Text zum authentischen Text

Besonders hilfreich ist in diesem Zusammenhang die visuelle Unterstützung der Texte: *"If you show pupils the pictures in a story book, giving them time to read the images, they will be able to give you a pretty accurate account of what the story is about."* (Ellis / Brewster 2002, S. 8)

Äußerst konträr wird im Zusammenhang mit authentischen Texten die eigene Überarbeitung dieser zur Vereinfachung diskutiert. So können einerseits verschiedene Studien nachweisen, dass die wohlgemeinte Anpassung authentischer Texte an das sprachliche Niveau der Lernergruppe, im Hinblick auf Satzkomplexität, Zeit, Vokabular oder Inhalt, eher hinderlich als förderlich für den Lerner sein können: *"Some research bears on the use of simplification as a means of making texts comprehensible, and, taken as a whole, it is not encourging [...] Blau (1982) [...] actually found that simplification could impair comprehen-*

sion by removing elements crucial to comprehension." (Krashen 1989, S. 28)

Andererseits lässt sich eine Anpassung authentischer Texte an das sprachliche Können der Kinder durch motivationale Aspekte rechtfertigen (vgl. Pinter 2006, S. 120): Sprachlich Adäquates ist für die Kinder häufig inhaltlich zu langweilig, während viele Texte aus der Zielsprachenkultur, die inhaltlich dem Alter und den Interessensgebieten der Schülerinnen und Schüler entsprechen, sprachlich in ihrer Originalform nur eingeschränkt bewältigbar sind. Wie so oft scheint der Mittelweg die Lösung zu sein: So viel Veränderung wie unbedingt nötig – so wenig wie möglich. Unumstößliche Regel muss im Falle der Textanpassung aber sein, dass durch die Veränderungen der Inhalt nicht umgedeutet wird.

Sicherlich besteht die wichtigste Aufgabe aber zuallererst darin, nach Texten zu suchen, die gar nicht verändert werden müssen, weil

Kriterien zur Auswahl authentischer Texte

- sie in Bezug auf Vokabular und Grammatik die Schülerinnen und Schüler nicht unter- und nicht überfordern,
- sie die Schülerinnen und Schüler inhaltlich ansprechen und
- ihr kultureller Gehalt im Unterrichtsgespräch ausgehandelt werden kann oder durch Illustrationen bereits verdeutlicht wird.

In diesem Zusammenhang sei darauf verwiesen, dass entgegen der vielerorts zu lesenden Vorwürfe, Lehrwerke seien ganz und gar nicht authentisch, gerade die jüngere Generation fremdsprachlicher Lehrwerke für den Englischunterricht an Grundschulen ein breites Repertoire altersangemessener authentischer Texte zur Verfügung stellt. Dieses reicht von gezielten Hinweisen auf authentische Bilderbücher über die Präsentation realer Fotos, Bilder, Zeichen und Stundenpläne bis hin zur konkreten Integration authentischer und nicht adaptierter Geschichten, Lieder und Reime (z.B. in *Discovery* von Westermann oder *Sally* von Oldenbourg sowie *Sunshine* von Cornelsen).

3.10.2 Authentische Sprechanlässe – authentischer Sprachgebrauch

Die Forderung nach authentischem Sprachgebrauch steht in direktem Zusammenhang mit dem übergeordneten Lernziel, den Lerner zum kommunikativen Handeln in der Fremdsprache zu befähigen.

Aufgabe des Unterrichts ist es, Kommunikationssituationen zu schaffen, die dem Lerner zur Übung dessen verhelfen, was für sein eigenes Handeln in der Zielsprache, in und außerhalb des schulischen Kontextes, von Nutzen sein kann: *"Learners should put language to the same uses inside the classroom as those to which it is put outside the classroom."* (Smith 2003, S. 4)

Entsprechend muss sich jede Englischlehrkraft in ihrer Vorbereitung auf den alltäglichen Unterrichtsdiskurs stets die Frage stellen, welche Themen und Inhalte für den Lerner über den schulischen Alltag hinaus tatsächlich von Bedeutung sein könnten und wie im Unterricht eine Art Probehandeln für diese außerschulischen Situationen initiiert werden kann. Dabei können aktuelle Themen und solche, die aus dem persönlichen Lebens- und Interessensbereich der Schülerinnen und Schüler stammen, wie z.B. Familie, Hobbies, Wohnort, Haustiere und Urlaub etc., geeignet sein, um authentische Unterhaltungen in Gang zu setzen. Aber auch fiktive Themen und Situationen können hilfreich sein, solange sie vom Lerner als sinnvoll, spannend oder interessant akzeptiert werden und zu denen sie, aufgrund ihrer persönlichen Erfahrung, etwas beitragen können:

Aktuelle und kindgemäße Themen als Ausgangspunkt „echter Sprechanlässe"

Now imagine, you are at the toy shop. What would you like to buy? Make a list. – Here are the prices of the toys you can buy there. You get 5 £ from your aunt Helen – what can you buy?

Demnach spielt es „*eine untergeordnete Rolle, ob Handlungssituationen im konkreten Augenblick real oder arrangiert sind; wesentlich für die Authentizität einer Situation ist allein, dass sie von den Kommunikationspartnern als lebensecht akzeptiert wird.*" (Bach / Timm 2009, S. 13)

Die an die Lerner herangetragene Sprache und ebenso die von ihnen geforderte Sprache sollte also auch im Klassenzimmer einen „realen Gebrauch" widerspiegeln.

So ist es wenig authentisch, die Kinder stets „in ganzen Sätzen" auf eine Frage antworten zu lassen. Denn wer antwortet in außerschulischen Kommunikationssituationen auf die Frage *What's the name of the dog?* tatsächlich mit *The dog's name is Tibby*?

Und auch wenn wir natürlich dazu aufgefordert sind, den Kindern zunächst einmal „korrekte Sprachformen" anzubieten, sollte primär darauf geachtet werden, dass die Konversation im Klassenzimmer dadurch nicht gekünstelt wirkt und Kinder durch Aussagen wie *Please, speak in a whole sentence.* gegängelt werden.

Genau deshalb müssen Fragen, Antworten und Schüleraussagen akzeptiert werden, die sprachlich genügen, solange sie inhaltlich nicht völlig missverständlich sind – eben so, wie es in Gesprächen mit *native speakers* der Fall wäre.

message before accuracy

Ein wichtiges Kriterium authentischen Sprachgebrauchs ist immer noch das Prinzip *message before accuracy* (Timm 2003, S. 245), bei welchem dem kommunikativen Erfolg der Lerner mehr Bedeutung zugemessen wird als der formalen Korrektheit (vgl. hierzu auch Gross 2007).

Gleichermaßen müssen die sprachlichen Impulse der Lehrkraft, die den Lerner zum Sprechen motivieren sollen, so angelegt sein, dass sie vom Lerner als „echte" Redeanlässe eingestuft werden. Während beispielsweise die Antwort auf die Frage, *Where is the pen?* dem Lerner dann sinnlos erscheinen muss, wenn die Lehrkraft den Stift direkt vor sich liegen hat, erlebt er sie dann als „authentisch", wenn er die Frage im Rahmen eines Spiels beantworten muss, in welchem Gegenstände in einem Wimmelbild entdeckt werden sollen. Einen detaillierten Überblick über weitere geeignete authentische Aufgabenstellungen findet man bei Kolb (2008).

classroom language

Eigene authentische Sprechanlässe liefert darüber hinaus die unterrichtliche Situation selbst. Tägliche Unterrichtsroutinen, wie Begrüßungen, Verabschiedungen, Lob und Unterrichtsorganisation, werden selbstverständlich in der Fremdsprache getätigt und bilden als wiederkehrende Strukturen vom ersten Unterrichtstag an ein zentrales Element authentischer Lern- und Handlungsprozesse in der Fremdsprache. Da aber gerade zu Beginn des Fremdsprachenlernens der Lerner aufgrund seiner noch niedrigen Sprachkompetenz diese *classroom language* hauptsächlich rezeptiv erfährt, kommt der Lehrkraft die Aufgabe zu, dem Lerner dabei zu helfen, seine eigenen Äußerungswünsche, die sich aus der Lernsituation ergeben, immer häufiger in der Fremdsprache zu formulieren, indem man ihm dazu die notwendigen Redemittel, etwa durch Einflüstern oder Vorsagen, zur Verfügung stellt. Die Kinder lernen so, ihre Unsicherheiten zu überwinden und stellen immer häufiger Vermutungen darüber an, wie sie etwas in der Fremdsprache formulieren können. Diese Versuche werden dann, wie im Leben außerhalb der Schule auch, vom Gesprächspartner bestätigt, ergänzt oder inhaltlich korrigiert.

4 Themen, Ziele und Inhalte des Englischunterrichts in der Grundschule

4.1 Themenfelder

Wie in Kapitel 3 dargestellt, werden alle sprachlichen Mittel, die sich der Lerner aneignen soll, in konkrete Situationen eingebettet und in diesen geübt. Solche Kontexte lassen sich thematischen Feldern zuordnen, die in den curricularen Vorgaben der Bundesländer vorgegeben sind. Vergleicht man diese miteinander, so lassen sich folgende Themenfelder für den Englischunterricht von Klasse 1 bis 4 einheitlich festmachen:

Themenfelder des Englischunterrichts in der Grundschule				
About myself	Colours	Numbers	At school	Family and friends
Parts of the body	Pets and animals	My home	Clothes	Hobbies and leisure time
Food and drink	Time and days	Weather	Jobs	Months and seasons
Shopping	The world of English	Travelling and transport	Festive events (birthday, Christmas, etc.)	Our world (nature, meeting people, world of media)

Zusätzlich ist in Nordrhein-Westfalen noch der Themenbereich „Auf den Flügeln der Fantasie" abzudecken.

Die ausgewählten Themen orientieren sich einerseits erkennbar an der Lebenswelt und an den Interessen von Kindern im Grundschulalter, andererseits handelt es sich um Schlüsselthemen, die auf das Leben in unserer multikulturellen und mobilen Gesellschaft vorbereiten (*meeting people, travelling and transport* etc.) und sich gut mit den Inhalten der anderen Fachbereiche verbinden lassen (*our nature, festive events, hobbies and sports* etc.).

4.2 Ziele und Kompetenzbereiche

Der Englischunterricht in der Grundschule legt die Grundlage für ein lebenslanges Fremdsprachenlernen und die Entwicklung von individueller Mehrsprachigkeit. Übergeordnetes Ziel ist die Befähigung der Kinder zur kommunikativen und interkulturellen Kompetenz. Damit fokussiert der Englischunterricht einerseits den Erwerb grundlegender sprachlicher Mittel (Wortschatz, Grammatik, Phonologie) sowie den Aufbau konkreter kommunikativer Fähigkeiten und Fertigkeiten (Hören, Sprechen, Lesen, Schreiben, Sprachmittlung), die die Kinder in möglichst authentischen Situationen erproben und festigen sollen.

Zum anderen fördern die Lernprozesse in der englischen Sprache den Aufbau von Sprachlernstrategien und -methoden und bilden damit die ersten Meilensteine auf dem lebenslangen Weg des Sprachenlernens. Anhand der englischsprachigen Welt bekommen die Kinder zudem eine detaillierte Vorstellung davon, dass es neben ihrer eigenen auch andere Lebenswelten gibt und entwickeln so ein erstes interkulturelles Verständnis.

Es lassen sich somit folgende Leitziele für den Englischunterricht in der Grundschule bestimmen (vgl. Schulministerium NRW 2009):

Oberstes Ziel: Entwicklung einer kommunikativen und interkulturellen Handlungsfähigkeit

Sprachliche Fähigkeiten und Fertigkeiten und Methodenkompetenzen entwickeln

Leitziele für den Englischunterricht in der Grundschule

Entwicklung einer interkulturellen, kommunikativen Kompetenz

- Aufbau von Interesse und Freude am Sprachenlernen und an fremden Lebenswelten
- Aneignung, Erprobung und Festigung elementarer sprachlicher Mittel des Englischen
- Bewältigung einfacher Sprachhandlungssituationen in der englischen Sprache
- Erwerb von Lern- und Arbeitstechniken sowie Strategien des Sprachlernens

Abb. 11: Leitziele des Englischunterrichts in der Grundschule

Wie in allen anderen Fächern auch, sollte im Fremdsprachenunterricht stets eine ausgewogene Mischung an affektiven (Emotion), instrumentellen (Handeln) und kognitiven (Wissen) Lernzielen angestrebt werden.

Auf der Grundlage der derzeit vorliegenden curricularen Vorgaben der Bundesländer und in Anlehnung an den Gemeinsamen Europäischen Referenzrahmen für Sprachen (Europarat 2001), hat der sogenannte BIG-Kreis der Stiftung Lernen im Jahr 2005 Standards für den Fremdsprachenunterricht in der Grundschule formuliert, welche auf der Ebene der Methoden- und Sachkompetenz (vgl. Abb. 2, S. 40) festlegen, welche Leistungen von den Kindern am Ende der 4. Jahrgangsstufe erwartet werden können. Dabei werden die anzustrebenden Ziele durch Könnensprofile ausgewiesen, welche eine Orientierung für die individuelle Förderung innerhalb der zwei bzw. vier Lernjahre geben können.

BIG-Standards für den Fremdsprachenunterricht in der Grundschule

Die im Folgenden unter 4.3 bis 4.8 in Form von Lernzielen in den einzelnen Lernbereichen dargelegten Könnensprofile beziehen sich auf diese Standards.

4.3 Hörverstehenskompetenz entwickeln

In der alltäglichen muttersprachlichen Kommunikation kommt dem Hörverstehen im Vergleich zu den anderen Fertigkeiten mit 55 % die größte Rolle im Spracherwerb zu (vgl. Kieweg 2003 b, S. 23). „Hören hat eine Schlüsselfunktion bei der Begegnung mit einer neuen Sprache" behaupten Häussermann und Piepho (1996, S. 19) und unterstreichen damit den gewichtigen Stellenwert, den die Entwicklung der Fertigkeit „Hörverstehen" im Sprachaneignungsprozess einnimmt. So auch im Englischunterricht der Grundschule. Dass Hörverstehen jedoch keineswegs eine passive Tätigkeit ist, sondern dem Lerner dabei eine Menge abverlangt wird, soll im Folgenden verdeutlicht werden.

4.3.1 Was muss der Lerner beim Hörverstehen leisten?

Am Anfang eines jeden Hörverstehensvorgangs steht die Verstehensabsicht (vgl. Solmecke 2000, S. 58). Diese resultiert z.B. aus den inneren Bedürfnissen oder Motiven des Hörers („Ich möchte wissen, worum es in diesem Lied geht."), aus bestimmten Eigenschaften einer Situation heraus („Ich werde nicht wissen, wann wir die Klausur schreiben, wenn ich jetzt nicht zuhöre."), aus dem Kontext vorangegangener sprachlicher Kommunikation und Signalen eines Sprechers („Meine Mutter wird sauer, wenn ich ihr jetzt nicht genau zuhöre..."). Im Verlauf des Hörprozesses sind es dann vor allem die Eigenschaften der gehörten Äußerung, aber auch andere äußere und innere Umstände, die die Verstehensabsicht aufrechterhalten („Jetzt will ich aber auch wissen, wie

Verstehensabsicht

die Geschichte weitergeht..."). Die Verstehensabsicht entscheidet also maßgeblich darüber, ob und warum wir überhaupt zuhören.

Für den fremdsprachlichen Unterricht bedeutet dies, dass es wichtig ist, den Lerner zum Zuhören zu motivieren, indem wir ihn für das von uns Gesagte oder den Text, den er hören soll, interessieren.

Dennoch ist dies allein nicht ausreichend für einen erfolgreichen Verstehensprozess. Zusätzlich sind Sprachkenntnisse und Sachkenntnisse auf der Seite des Hörers notwendig, um die gehörten Informationen erfolgreich verarbeiten zu können. Kennt man den Großteil des Vokabulars eines Hörtextes nicht, so kann man diesen auch nicht verstehen. Ebenso verhält es sich mit dem Inhalt. Hat man keinerlei Hintergrundwissen über die Sache selbst, so wird es einem kaum gelingen, diese inhaltlich zu durchdringen (Versuchen Sie mal, inhaltlich zwei Ärzten bei der Visite zu folgen!).

Sprachkenntnis und Sachkenntnis

Die erfolgreiche Verarbeitung und Interpretation des Gehörten hängt demnach stark vom individuellen Kenntnisstand des Hörers ab – sowohl auf sprachlicher Ebene als auch auf der Ebene des Sachwissens.

Zum Sprachwissen gehören u.a. Kenntnisse über Wortschatz, Grammatik, Syntax und Phonologie sowie das Diskurswissen (Wie verläuft eine Kommunikation im Allgemeinen?), das pragmatische Wissen (Welche Intention steckt hinter einer Äußerung oder einem Text?) und das soziolinguistische Wissen (Wie kann ich das Gehörte vor dem situativen und kulturellen Hintergrund auslegen?). Das Sachwissen bezieht sich auf Kenntnisse und Hintergrundwissen in Bezug auf den Inhalt des Textes oder einer Äußerung selbst. Hinzu kommt das allgemeine Weltwissen, also die Erfahrungen, die ein Hörer bislang gesammelt hat und beim Hören miteinbezieht, sowie das Vorhandensein von kognitiven und metakognitiven Strategien (Wie kann ich am besten Zuhören? Worauf achte ich beim Hören? Was tue ich, wenn ich ein Wort nicht verstehe?).

Damit steht hinter dem Hörverstehensvorgang ein komplexer Prozess, in welchem der Hörer seine Wissensbestände und vorhandenen Kompetenzen auf unterschiedlichen Ebenen aktivieren muss (vgl. Solmecke 2000, Wolff 2003, Buck 2001).

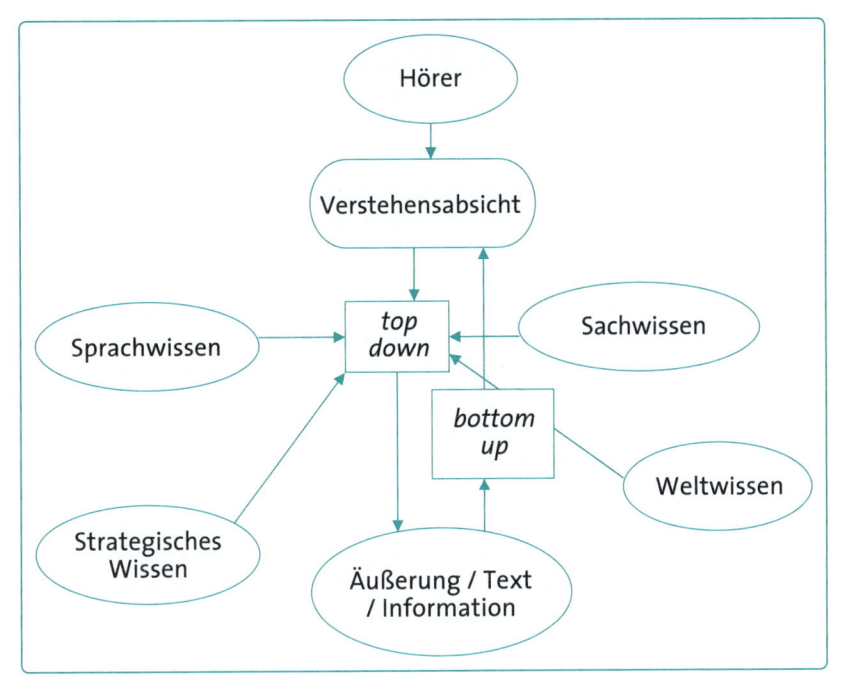

Abb. 12: Hörverstehen – ein komplexer Informationsverarbeitungsprozess

Was letzten Endes genau im Kopf des Hörers während der Sprachverarbeitung passiert, können wir als Außenstehende nicht ergründen. Was wir jedoch wissen ist, dass die Sprachverarbeitung gleichzeitig auf unterschiedlichen Ebenen verläuft. Im sogenannten *top-down*-Prozess greift der Hörer auf sein vorhandenes Wissen zurück und gleicht damit das Gehörte ab, während er sich bei der *bottom-up*-Verarbeitung auf die eingehenden Daten konzentriert. In der Regel wird davon ausgegangen, dass beim Hörverstehen stets beide Prozesse gleichzeitig ablaufen (vgl. Wolff 2003).

Top-down / bottom-up-Verarbeitung

Nachdenkaufgabe

Während den Kindern das Hören und Verstehen in der Muttersprache meist wenig Schwierigkeiten bereitet, müssen sie sich aufgrund ihrer noch geringen Sprachkenntnisse in der Fremdsprache häufig stärker konzentrieren, um den Inhalt einer Botschaft oder eines Textes zu erfassen. Welche Aspekte sind es genau, die dem Lerner beim Hören eines Textes in der Fremdsprache Schwierigkeiten bereiten können? Wie können wir als Lehrkräfte dem Lerner helfen, einen Text zu verstehen?

4.3.2 Was macht das Hörverstehen in der Fremdsprache so schwer?

Fehlende Kenntnisse im Bereich Lexik, Syntax und Grammatik

Neben fehlendem Vokabular, dem vielleicht noch nicht ausreichenden Wissen über Syntax und Grammatik und dem ungewohnten Lautsystem ist es häufig die Geschwindigkeit, mit der ein Sprecher in der fremden Sprache spricht, die dem Lerner häufig Schwierigkeiten bereitet. Die fremde Sprache ist uns nicht vertraut – wir benötigen länger, um Laute und Wörter zu identifizieren, wir konzentrieren uns häufig eher auf die unbekannten Wörter, als auf das, was wir verstehen, und versuchen, deren Bedeutungen herauszufiltern, während der Sprecher weiter fortfährt. Wir haben dann das Gefühl, dass der Sprecher viel schneller spricht, als wir dies tun, obgleich das tatsächlich nicht der Fall ist.

Sprechgeschwindigkeit

Hinzu kommt, dass insbesondere im Englischen und Französischen Sprecher dazu neigen, einzelne Buchstaben oder ganze Silben auszulassen oder auch zusammenzuziehen (*I have got to go now. – I gotta go now.*). Wir erkennen die von uns in „Reinform" gelernten Wörter dann nicht wieder. Ähnlich verhält es sich mit starkem Akzent, Dialekten oder Variationen des Englischen, wie Schottisch, Amerikanisch oder Irisch. Haben wir diese nie vorher gehört oder geübt, werden wir zunächst Schwierigkeiten haben, diese zu verstehen.

Akzent und Dialekt

Hintergrundgeräusche

Situationsbezogene Nebengeräusche auf einer CD können das Textverständis erleichtern, wenn sie eindeutig sind, dahingegen erschweren sie das Verständnis, wenn sie von den Sprechern und deren Aussagen ablenken (Bauarbeiten oder Straßenlärm im Hintergrund). Besonders schwierig ist es für den Fremdsprachenlerner, dass er *native speaker* fast ausschließlich von der CD hört. Diese sogenannte *disembodied language*, d.h. Sprache ohne Gestik und Mimik, ist wesentlich schwieriger zu verstehen, als Sprache, die von einem Sprecher erzeugt wird, dessen Gesichtsausruck und Gesten wir mitverfolgen und deuten können.

Fehlende kulturelle Informationen

Häufig fehlt uns einfach auch das kulturelle Hintergrundwissen (*It's raining cats and dogs.*), um den Sinn einer Äußerung verstehen zu können.

Wenn wir uns als Lehrkräfte all diese Aspekte vor Augen führen, können wir leicht erkennen, welche Bereiche des Hörverstehens im Fremdsprachenunterricht geschult werden müssen und wie wir die Lerner insbesondere im Anfangsunterricht dabei unterstützen können, Texte und Äußerungen in der Fremdsprache zu verstehen.

4.3.3 Lernziele im Bereich Hörverstehen

Die Kinder sollen am Ende der 4. Jahrgangsstufe
- die Fremdsprache von anderen Sprachen unterscheiden können,
- einfache Anweisungen und *classroom phrases* im Unterrichtsalltag verstehen und darauf reagieren können,
- einfache Äußerungen der Lehrkraft, von Mitschülern oder von *native speakers* verstehen und darauf reagieren können,
- Handlungsfolgen von Geschichten und Dialogen verstehen, behalten und das Verstehen des Gehörten nonverbal und / oder verbal belegen können,
- wesentliche Inhaltsaspekte von authentischen Texten, wie Geschichten, Liedern und Reimen, erfassen können,
- Schlüsselwörter aus der gesprochenen Sprache zu vertrauten Themen erkennen können.

Der Unterricht zielt somit auf zwei Bereiche des Hörverstehens:
- Die Fähigkeit zur Teilnahme an indirekter Kommunikation, d.h. das reine Verstehen von Wörtern, Texten und Anweisungen.
- Die Fähigkeit zur Teilnahme an direkter Kommunikation, d.h. das Verstehen und Reagieren in Gesprächssituationen.

Zwei Bereiche des Hörverstehens: Fähigkeit zur indirekten und direkten Kommunikation

Die Schulung dieser Fähigkeiten sollte dabei in allen Einzelbereichen vom Einfachen zum Komplexen erfolgen, wobei sämtliche Übungen aus der linken Spalte auch in den fortgeschritteneren Lernjahren noch Anwendung finden:

Vom Einfachen...	... zum Komplexen
Wahrnehmen und Unterscheiden der fremdsprachigen Laute und Intonation	Inhaltliches Verstehen
Lehrersprache verstehen	*Native speaker* verstehen
Direkter Kontakt zur Sprache	*Disembodied language*
Globales Verstehen	Detailliertes Verstehen
Inhaltlich / sprachlich einfache Aussagen und Anweisungen verstehen	Komplexere sprachliche und inhaltliche Äußerungen, Dialoge oder längere Geschichten verstehen
Nicht-sprachliche Kontrollformen (z.B. Reaktion durch Gestik, Mimik, Nachahmen)	Sprachliche Kontrollformen (verbale Reaktion)

4.3.4 Unterricht gestalten: Schwerpunkt Hörverstehen

Classroom phrases, TPR und action games

In den ersten Wochen geht es zunächst darum, die Kinder an die fremde Sprache zu gewöhnen. Daher sollte der Unterricht von Anfang an einsprachig erfolgen. Ein wichtiges Element ist dabei die *classroom language*, die an konkrete Handlungen geknüpft ist. Anweisungen wie *Sit down, please. Stand up, please.* oder Begrüßungsformeln wie *Good morning. How are you?* sind leicht zu verstehen. Sie entspringen der realen Situation und lassen sich gut mit eindeutigen Bewegungen, mit Gestik oder Mimik veranschaulichen. Manche Kinder brauchen dennoch sehr lange, bis sie *classroom phrases* verstehen – insbesondere solche, die nicht direkt mit Gestik und Mimik untermauert werden können, wie z.B. *Is anyone missing today?*. Solche Formeln können nur dann von den Kindern erfasst werden, wenn sie immer wieder im Unterricht verwendet werden.

classroom language

Die folgende Übersicht fasst die wichtigsten *classroom phrases* zusammen (vgl. hierzu den Rahmenplan Englisch der Freien Hansestadt Hamburg 2003):

Beginning and finishing the lesson

- *Good morning, boys and girls / children.*
- *How are you? / How do you feel today?*
- *Is anyone absent today?*
- *Are you ready?*
- *Let's begin with / start with our lesson.*
- *Take your…. out, please.*
- *Put your … away, please.*
- *Goodbye, children.*
- *See you on…*

Classroom management

- *Sit down, please.*
- *Stand in a row, please.*
- *Here you are.*
- *Thank you.*
- *Come here / to the front, please.*
- *Go back to your seat(s), please.*
- *Go to the board, please.*
- *Could you clean the board, please?*
- *Could anyone open the window, please?*
- *Work with your neighbour / in groups of five, please.*
- *Let's make a circle.*
- *Put your hands up / down, please.*
- *Listen to me, please.*
- *Please be quiet.*
- *Please stop talking.*
- *Whisper / Talk to your neighbour.*
- *Let's sing a song / play a game / listen to a story…*

Praise, encouragement, assistance

- *Right.*

- *That's very good / nice / clever.*
- *Good job.*
- *Well done.*
- *Could you try again, please?*
- *Say it / Listen again, please.*
- *Do you need any help with this?*
- *Any questions?*

Playing games
- *Let's play a new game …*
- *Make two / three … teams.*
- *Stand in a line / behind each other, please.*
- *Find a partner, please.*
- *Tim …, you go first / begin / start…*
- *It's my / your / Sue's turn.*
- *Winner is the group which …*
- *Stop the game now, please.*

Working with books and worksheets
- *Please give out / spread the …*
- *Please take out your …*
- *Put … in front of you, please.*

- *Look at …*
  … the top / bottom half of the page.
  … the first … / … picture.
- *What colour is / are … ?*
- *Point to / at the …, please.*
- *Show me / us …, please.*
- *Give me / us …, please.*
- *Touch the …, please.*
- *Take a pencil / your coloured pencils / felt tips, please.*
- *Colour in the pictures / the first picture…*
- *Join / Link the … to the …, please.*
- *Draw a line from … to …, please.*
- *Draw a line around …*
- *Mark the … with a cross, please.*
- *Tick the…, please.*
- *Number the pictures: one, two, etc.*
- *Draw a …, please.*
- *Collect the …, please.*

Listening to and working with texts
- *Listen carefully.*
- *Listen and tick / find the right picture.*
- *What's the text / story about?*

Neben dem Verstehen der *classroom language* werden die ersten Wochen meist mit Themen wie „Sich begrüßen und vorstellen", „Zahlen", „Farben" und „Schulsachen" gefüllt. Denn die Begrifflichkeiten und Redewendungen aus diesen Bereichen lassen sich gut in alle weiteren Übungen der nachfolgenden Themen und Inhalte integrieren *(Colour the … pink. How many… are there in the picture? What's the dog's name?* etc.).

Neues Vokabular kann dabei anfänglich über die *TPR*-Methode eingeführt und geübt werden (vgl. Kap. 3): *Stand up, if you're wearing green. Clap your hands three times. Put your pencil in your pencil case.*

Sehr geeignet für das Training des Hörverstehens in den ersten Wochen sind auch Maldiktate; hierbei sollen die Kinder nach Anweisungen der Lehrkraft etwas aufzeichnen oder ausmalen.

Verknüpfung von Hören und Handeln

Recht bald werden kurze Reime, Lieder, Spiele und Geschichten in den Unterricht eingegliedert. Dabei bieten sich zunächst vor allem solche Reime, Lieder und Geschichten an, die sich mit der *TPR*-Methode einführen lassen, wie z.B. der Reim von Seite 48 oder auch das traditionelle Lied *Head and shoulders*:

BEISPIEL:

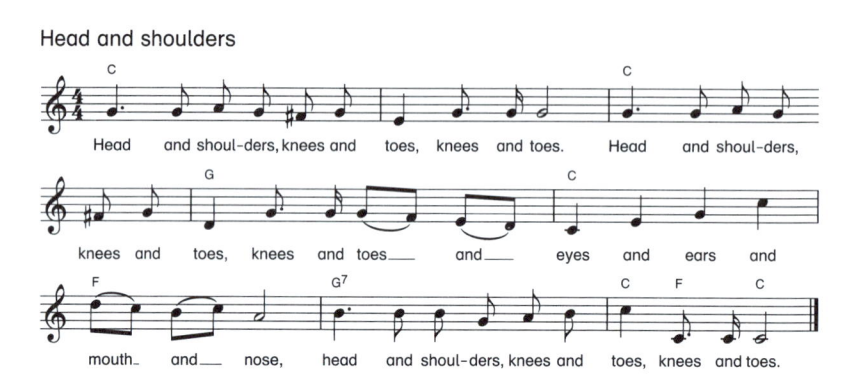

Head and shoulders

Head and shoulders, knees and toes, knees and toes. Head and shoulders, knees and toes, knees and toes and eyes and ears and mouth and nose, head and shoulders, knees and toes, knees and toes.

(aus: Sally D 3 Activity Book, S. 8)

Auch können von der ersten Unterrichtsstunde an *action games* gespielt werden, um das Hörverstehen zu trainieren. Denn hier sind Handlung und zu Verstehendes ebenfalls direkt miteinander verknüpft, wie z.B. im Spiel „Change places!".

> **Spiel „Change places!"**
>
> Die Kinder sitzen im Stuhlkreis. Jedes Kind hat eine Farb- oder Zahlkarte (oder ein anderes einzuübendes Vokabular) in der Hand. Auf das Kommando der Lehrkraft ("*All children with a red card / number 3, change places!*") tauschen die entsprechenden Kinder ihre Plätze. Beim Ausruf "*Colour mix!*" bzw. "*Number mix!*" müssen alle Kinder ihre Plätze tauschen. Als Variation kann schließlich ein Stuhl entfernt werden, sodass ein Kind übrig bleibt. Dieses steht dann in der Kreismitte, gibt das nächste Kommando und versucht selbst wieder einen Platz zu ergattern.

Umgang mit Hörtexten und Geschichten

Vom Globalverstehen zum Detailverstehen

Generell geht es beim Hören einer Geschichte oder eines Textes nicht darum, dass die Lerner jedes Wort verstehen, vielmehr sollen sie erst einmal lernen, die wesentlichen Inhaltsaspekte eines Handlungsverlaufes zu erfassen. Erst nach und nach können die Kinder durch gezielte Aufgaben dazu angeleitet werden, auch kleinere Details aus einem Hörtext aufzunehmen. Unterrichtsstunden, die den Schwerpunkt Hörverstehen aufweisen, gliedern sich im Wesentlichen in drei Phasen: der vorbereitenden *pre-listening phase*, der eigentlichen Hörphase, die *while-listening phase* und die daran anschließende Weiterarbeit in der *post-listening phase*. Die folgende Struktur für eine Unterrichtsstunde lässt sich auf jede Art von Hörtexten und Geschichten anwenden und verdeutlicht, welche Aktivitäten sich für die einzelnen Phasen anbieten:

Strukturierung einer Stunde mit dem Schwerpunkt Hörtexte verstehen

Phase 1: *Pre-listening phase*

In dieser Phase geht es darum, die Kinder auf den Hörtext vorzubereiten, indem der situative Rahmen vorgegeben wird, Personen vorgestellt oder andere notwendige Hintergrundinformationen gegeben werden. (Wo spielt die Geschichte? Wer spielt mit? etc.) Die Kinder erhalten so Gelegenheit, ihr Vorwissen zu aktivieren, was es ihnen erleichtert, dem Hörtext zu folgen. Hierbei können Skizzen, reale Gegenstände oder Bilder hilfreich sein, um den Kontext zu verdeutlichen.

In dieser Phase sollten zudem wichtige Schlüsselwörter (*key words*), die für das Textverständnis relevant sind, vorentlastet bzw. wiederholt werden.

Phase 2: *While-listening phase*

Presentation of the text

Beim erstmaligen Hören des Textes konzentrieren sich die Kinder nur auf dessen groben Handlungsverlauf. Es werden deshalb noch keinerlei Höraufträge gegeben.

Gross Comprehension

In dieser Phase erhalten die Kinder die Möglichkeit, sich zum Text frei zu äußern. Dies dürfen sie, solange ihre Sprachfähigkeit in der Fremdsprache noch nicht ausreicht, auch in der Muttersprache tun. Auf diese Weise wird sichergestellt, dass alle Kinder den groben Handlungsablauf nachvollzogen haben, was für die nachfolgenden Phasen bedeutsam ist.

Listening for details

Vor dem erneuten Hören des Textes erhalten die Kinder Hörverstehensaufträge, um ihre Aufmerksamkeit auf bestimmte inhaltliche oder sprachliche Aspekte zu lenken. Die Lehrkraft verzichtet in dieser Phase auf den Einsatz visueller Hilfen.

Aufgabenformate dieser Phase können sein:
- Das Hochhalten von Bildern,
- das Ordnen von Bildern,
- das Zuordnen von Bildern und Wörtern oder Sätzen,
- das Finden von Fehlern in Bildern oder Aussagen,
- das Finden, Sortieren oder Zuordnen von Personen oder Objekten,
- das Ergänzen von Bildern oder kurzen Texten.

Phase 3: *Post-listening phase*

In dieser Übungs- oder Vertiefungsphase werden die sprachlichen Ziele auf vielfältige Weise gefestigt. Dies kann in Form von Spielen, kurzen Dialogen, szenischem Nachspielen des Textes, in Form von schriftlichen Aufgaben, kurzen Leseaufgaben oder kreativen Gestaltungsaufgaben erfolgen.

Hörverstehen strategisch fördern

Verschiedene Untersuchungen konnten zeigen, dass erfolgreiche Sprachenlerner an Hörtexte anders herangehen als weniger erfolgreiche (vgl. O'Malley et al. 1989).

Erfolgreiche „Hörversteher"

So konzentrieren sich die Erfolgreichen eher auf das, was sie verstehen, als auf das, was sie nicht verstehen. Auch sind sie in der Lage, ihre Aufmerksamkeit zurückzuholen, wenn diese kurzfristig nachgelassen hat. „Gute Hörversteher" versuchen zudem nicht krampfhaft, jedes Wort zu verstehen, sondern konzentrieren sich eher auf die Gesamtaussage des Textes. Unbekannte Wörter versuchen sie sich aus dem Gesamtkontext zu erschließen. Dabei gleichen sie das Gehörte immer wieder mit ihren eigenen Erfahrungen, also ihrem Weltwissen ab. Vandergrift (1997) konnte zudem herausfinden, dass erfolgreiche Hörer häufig metakognitive Strategien anwenden, wenn sie einen Text erschließen. Für den fremdsprachlichen Unterricht leitet er aus dieser Erkenntnis ab, dass den Schülerinnen und Schülern im Laufe ihrer Hörverstehensschulung die Möglichkeiten und Vorteile strategischen Verhaltens im Bereich Planen, Überwachen, Steuern und Bewerten bewusst gemacht werden sollten.

Metakognitive Strategien

Folgende Hinweise, in Form einer Checkliste, können mit Grundschulkindern besprochen und angewendet werden, um ihnen aufzuzeigen, dass man erfolgreiches Hörverstehen gezielt üben kann (in Anlehnung an Bahns 2000).

Tipps für erfolgreiches Hören

Vor dem Hören solltest du Folgendes überprüfen:
1. Ich habe schon eine Vermutung, worum es in dem Hörtext gehen könnte.
2. Ich habe versucht, mir alles, was ich zum Thema weiß, ins Gedächtnis zu rufen.
3. Ich bin bereit, aufmerksam zuzuhören.
4. Ich glaube, dass ich verstehen werde, worum es im Text geht.

Während des Hörens kannst du Folgendes tun:
1. Wenn ich ein Wort mal nicht verstehe, dann höre ich einfach weiter zu und denke nicht zu lange über dieses Wort nach.
2. Ich versuche, unbekannte Wörter aus dem Kontext zu erschließen.
3. Ich achte besonders auf die Wörter, die ich schon kenne.

Nach dem Hören kannst du dich selbst überprüfen:
1. Ich habe versucht, meine Vermutungen über den Inhalt des Hörtextes zu überprüfen.
2. Ich habe mich beim Hören auf die wichtigsten Informationen konzentriert.
3. Ich habe versucht, Wörter, die ich nicht kannte, aus dem Kontext zu erschließen.
4. Ich habe mich gefragt, ob das, was ich verstanden habe, Sinn macht.

4.4 Sprechkompetenz entwickeln

Genau wie beim Hörverstehen auch, handelt es sich beim Sprechen um einen komplexen Vorgang, bei dem unterschiedliche Prozesse ablaufen.

Zunächst hat der Lerner einen Gedanken, den er versprachlichen möchte (Ich habe Hunger.). Dazu erstellt er sich einen Redeplan, den er dann auf der syntaktischen Ebene versucht abzugleichen (Wie kann ich meine Gedanken in einen Aussagesatz verpacken?). Im nächsten Schritt wählt der Sprecher dafür die passenden Wörter aus (*I, hungry, am*) und stellt diese auf semantischer und artikulatorischer Ebene (/ aɪ əm hʌŋgrɪ /) zusammen. Erst dann erfolgt die eigentliche Artikulation des Gedankens, welche sich in der sprachlich kodierten Mitteilung äußert (vgl. Clark / Clark 1977). Je geübter wir in einer Sprache sind, desto schneller laufen diese Vorgänge ab, je schlechter wir eine Sprache beherrschen, desto länger werden wir uns auf den einzelnen Ebenen aufhalten. Entsprechend müssen wir den Kindern in der Grundschule auch die Zeit lassen, die sie benötigen, um etwas zu formulieren. Häufig schreitet man als Lehrkraft ein, wenn es zu lange dauert und gibt den Kindern unmittelbar Hilfestellungen. Dies sollte man jedoch tatsächlich erst dann tun, wenn der Lerner danach fragt oder man merkt, dass er gar nicht weiterkommt.

Sprechvorgang

Das Sprechen findet im Grundschulunterricht auf unterschiedlichen Ebenen statt. So wird zunächst viel wiederholt, d.h. imitativ gesprochen. Dabei steht insbesondere die Schulung der Aussprache im Mittelpunkt. Nach und nach können die Kinder bereits bekannte Wörter und Sätze in vertrauten Kontexten verwenden oder Reime und Lieder auswendig aufsagen. Hierbei handelt es sich dann um das reproduktive

Imitatives Sprechen

Reproduktives Sprechen

Sprechen. Das freie oder ungelenkte Sprechen ist schließlich das Ziel aller Übungen und sollte von Beginn an gefördert werden.

4.4.1 Lernziele im Bereich Sprechen und Sprachmittlung

Am Ende der 4. Jahrgangsstufe sollen die Kinder
- Gehörtes (Wörter, *formulae / chunks*, Reime, Lieder etc.) verständlich wiedergeben können,
- bekannte Tätigkeiten und Gegenstände benennen und beschreiben können,
- Informationen geben und einholen können,
- Wünsche und Gefühle äußern und danach fragen können,
- einfache Inhalte fremdsprachlicher Gespräche verstehen und anderen in ihrer Muttersprache erklären können,
- einfache Inhalte von Gesprächen, Texten oder Sachverhalten aus der Muttersprache in der Fremdsprache vermitteln können.

> **Nachdenkaufgabe**
>
> Bevor Sie weiterlesen: Stellen Sie sich vor, in Ihrer Englischklasse sitzen einige Kinder, die nie etwas sagen. Woran könnte dies liegen? Wie schaffen Sie es, diese Kinder zum Sprechen zu bewegen, ohne dass diese sich dazu gezwungen fühlen?

4.4.2 Wie können wir das Kind zum Sprechen animieren?

Schweigende Kinder

Im Fremdsprachenunterricht kann es nun passieren, dass einige Kinder sofort bereit sind, sich in der Fremdsprache zu äußern, nachzusprechen oder auch selbstständig versuchen, Sprache anzuwenden; andere Kinder hingegen folgen vielleicht dem Unterrichtsgeschehen aufmerksam, beteiligen sich jedoch nur selten produktiv daran. Dies kann einerseits daran liegen, dass Letztgenannte in ihrer sprachlichen Entwicklung einfach noch nicht so weit vorangeschritten sind, d.h. es fehlt ihnen vielleicht das nötige Vokabular oder das artikulatorische, syntaktische bzw. grammatikalische Wissen, das sie für eine Äußerung benötigen. Eventuell haben diese Kinder aber auch lediglich Angst davor, Fehler zu machen oder von ihren Mitschülern ausgelacht zu werden. Auch ist es möglich, dass sie die Aufforderung zum Sprechen bzw. die Frage nicht verstanden haben. Oder sie finden das Thema nicht spannend genug, d.h. es fehlt ihnen die Motivation dazu, sich aktiv zu beteiligen.

Entspannte Lernatmosphäre und behutsame Fehlerkorrektur

Die wichtigste Voraussetzung für das Sprechen ist sicherlich eine entspannte Lernatmosphäre, in der sich das Kind wohlfühlt und keine Angst vor Fehlern haben muss. In diesem Kontext spielt es eine zentrale Rolle, wie die Lehrkraft mit Fehlern umgeht, die das Kind im Verlauf seiner Sprachlernprozesse automatisch macht. Zunächst einmal müssen wir wissen, dass Fehler nicht grundsätzlich „schlecht" sind und deshalb sofort korrigiert werden müssen; vielmehr zeigen sie uns, dass das Kind sich mit der Fremdsprache auseinandersetzt. Sie geben uns als Lehrkraft Einblick in die sprachliche Entwicklung der Kinder und Auskunft darüber, welche Schlussfolgerungen diese bereits gezogen und welche Regeln sie internalisiert haben. Die Fehler des Kindes sollten deshalb behutsam korrigiert werden, auch um es nicht zu demotivieren. Generell gilt die Faustregel *message before accuracy* (inhaltliche Botschaft vor sprachlicher Richtigkeit), insbesondere in den kommunikativen Phasen des Unterrichts. Eine gute Variante der Fehlerkorrektur ist das sogenannte *corrective feedback* (korrigierende Rückmeldung): Sprachlich inkorrekte Äußerungen des Kindes werden dadurch korrigiert, dass die Lehrkraft die richtige Sprachformel in ihrer Antwort verwendet:

Entspannte Lernatmosphäre

Umgang mit Fehlern

corrective feedback

Kind:	*I **became** a cake for my birthday!*
Lehrkraft:	*Oh, you **got** a cake for your birthday? Great! Did you **get** anything else for your birthday?*
Kind:	*Yes, I got a CD, too.*

In Übungsphasen können Fehler, die häufig gemacht werden, gesammelt und am Ende mit der ganzen Klasse besprochen werden.

Die Wahrnehmung schulen und die Aussprache üben

Eine gute Aussprache in der Fremdsprache ist eine grundlegende Voraussetzung für eine reibungslose Kommunikation. Zum einen können Aussprachefehler zu Missverständnissen auf der Seite des Hörers führen, zum anderen ist die Art und Weise, wie jemand etwas ausspricht, auch mit einer sozialen Wertung verbunden: „Menschen sind oft aufgrund ihrer Aussprache sympathisch oder unsympathisch." (Dürmüller/Werlen 2004, S. 7)

Dass Grundschulkinder aufgrund ihres Alters automatisch eine perfekte Aussprache erlangen, ist ein Irrglaube. Um eine annähernd korrekte Aussprache zu erreichen, müssen auch sie zunächst in der Lage sein, die anders klingenden Laute der Zielsprache (wie z.B. das „th" /θ/ /ð/ im Englischen oder das vorderzungige „r" /r/) wahrzunehmen. Dies ist gar nicht so einfach, denn bereits Kinder im Grundschulalter wenden bei der Analyse von neuen Wörtern das „phonologische Sieb" der Muttersprache an („Ah, ‚th' klingt ja genau wie /s/."). Zudem fällt es ihnen häufig schwer, Laute zu produzieren, die in ihrer Sprache so nicht vorkommen, weil sie gar nicht erkennen können, wo diese im Mund gebildet werden („Ich kann ein solch rollendes ‚r' gar nicht produzieren!").

Hörwahrnehmungsübungen

Gezielten Ausspracheübungen sollten deshalb zunächst Hörwahrnehmungsübungen vorangehen, wie z.B. das gezielte Heraushören von Lauten („Wie oft kommt der Laut /v/ im Text vor?"), das Unterscheiden von englischen und anderssprachigen Lauten („Welches dieser Wörter klingt nicht Englisch: *wish, laugh, bellissima*?") oder das Erkennen von Minimalpaaren (z.B. /dʌk/ vs. /dɒg/).

Minimal pairs

Listen and tick the correct word:

Chris has got blue eyes.

☐ 👀   ☐ 🍦

Tim's head is red.

☐   ☐

Please cut out the tree.

☐   ☐ 3

Susan's favourite animal is a dog.

☐   ☐

Pete's favourite toy is a ship.

☐   ☐

Abb. 13: Beispiel zur Übung von Minimalpaaren

In ihrer Aussprache geübt werden sollten vor allem die Laute der englischen Sprache, die deutschen Muttersprachlern besonders schwer fallen, weil es sie so in ihrer Sprache nicht gibt bzw. diese im Deutschen nicht bedeutungsunterscheidend sind.

So ist im Deutschen für die Bedeutung eines Wortes irrelevant, ob das /s/ gelispelt wird oder nicht oder ob wir das /v/ im Wort „Vase" wie das englische /v/ aussprechen. Im Englischen hingegen sind diese Laute bedeutungsunterscheidend (*thick* /θɪk/ vs. *sick* /sɪk/; *west* /west/ vs. *vest* /vest/).

Typische Aussprachefehler deutscher Sprecher in der englischen Sprache sind die folgenden:

Aussprache des „th" (/θ/, /ð/)

Die korrekte Aussprache des „th" bereitet den Kindern häufig große Schwierigkeiten, da die dazugehörigen Lautrealisationen /θ/ und /ð/ in der deutschen Sprache gar nicht vorkommen. Viele Kinder verwenden deshalb /s/ oder /z/.

Zur gezielten Übung solcher Laute bieten sich Reime oder Zungenbrecher an, die von den Kindern mehrfach aufgesagt werden können. Zudem sollten den Kindern Hilfestellungen gegeben werden, indem man ihnen zeigt, wo die Laute im Mund gebildet werden.

Um den stimmhaften /ð/-Laut zu bilden, wird die Spitze der oberen Schneidezähne bei leicht geöffnetem Mund mit der Zungenspitze angetippt. Beim stimmlosen /θ/ wird die Zunge etwas weiter nach vorne geschoben.

Übung der Aussprache

Übung des „th"

Rhyme
Mr. East gave a feast.
Mr. North laid the cloth.
Mr. West did his best.
Mr. South burnt his mouth.
With eating a cold potato.

(Quelle: trad.)

Unterscheidung /w/ und /v/

Deutsche Sprecher neigen dazu, /w/ und /v/ identisch auszusprechen bzw. die beiden Phoneme zu verwechseln. Um den Laut /w/ korrekt auszusprechen, können die Kinder diesen zunächst durch ein /u/ ersetzen. Das /v/ wird genauso wie das deutsche /w/ ausgesprochen.

SPEAK AND ACT THE RHYME
Walter's hammer

Walter works with one hammer, *one hammer, one hammer.* *Walter works with one hammer,* *one fine day.*	(dabei mit einer Faust auf den Tisch hämmern)
Walter works with two hammers...	(mit zwei Fäusten hämmern)
... *Walter works with three (four, five) hammers.* ...	
Walter's getting tired now, *tired now, tired now.* *Walter's getting tired now,* *one fine day.*	(gähnen)
Walter's falling asleep now,...	(Kopfnicken, Augen zu)
Walter's waking up now...	(Augen öffnen, strecken)

Start over from the beginning only faster.

(Quelle: trad.)

Das englische „r"

Auch das englische „r" (/r/), welches gebildet wird, indem die Zunge ganz nach hinten gerollt wird, ohne den Gaumen zu berühren, bereitet den Deutschen häufig Schwierigkeiten.

Mit dem folgenden Spiel, das dem deutschen „Mein rechter Platz ist frei" gleicht, kann dieses gut geübt werden.

Game: Red rover
Red rover, red rover,
let... come over.

Stimmhafte und stimmlose Konsonanten
Rad und Rat klingen im Deutschen gleich. Im Englischen hingegen ist ein deutlicher Unterschied feststellbar zwischen den stimmlosen und stimmhaften Konsonanten (d und t, b und p, g und k) am Ende eines Wortes. Die folgenden Reime veranschaulichen dies gut.

Rhymes
Higglety, pigglety, pop

Higglety, pigglety, pop,
the dog has eaten the mob,
the pig's in a hurry,
the cat's in a flurry,
higglety, pigglety, pop.

Hickory, dickory, dock

Hickory, dickory, dock,
the mouse ran up the clock,
the clock struck one,
the mouse came down,
hickory, dickory, dock!

(Quelle: trad.)

Am Anfang oder in der Mitte eines Wortes verursacht häufig die Unterscheidung des stimmlosen / s / im Gegensatz zum stimmhaften / z / Probleme. Deutsche Schüler neigen eher zur Auslautverhärtung. Dabei klingt das stimmhafte / z / eher wie das Summen einer Biene.

Say the tongue twisters
Busy Lizzy is a bee.
Lizzy works from one to three.
Busy Lizzy isn't very busy, is she?

Fuzzy Wuzzy is a bear.
Fuzzy Wuzzy had no hair.
Fuzzy Wuzzy wasn't very fuzzy, was he?

Ähnlich problematisch ist der Laut /dʒ/, den es im Deutschen nur in Wörtern gibt, die ursprünglich aus dem Englischen kommen (z.B. *jungle*). Deutsche Schüler sprechen diesen eher als /tʃ/ aus, wie z.B. in Kutsche.

Vokale
Schwierigkeiten haben deutsche Sprecher oft mit der Unterscheidung des kurz gesprochenen /e/ und dem lang gesprochenen /æ/ wie im Minimalpaar *bed* und *bad* oder dem offenen /ʌ/ wie in *but* und dem halboffenen /ɒ/ wie in *last*.

Clear /l/ und dark /l/
Im Englischen unterscheidet man schließlich das hell klingende /l/, welches dem deutschen /l/ gleicht und vor Vokalen auftaucht, wie z.B. im Wort *clothes*, vom dunkel klingenden /l/. Bei Letzterem wird die Zunge weiter nach hinten gerollt. Dieses sogenannte *dark l* taucht vor Konsonanten und am Ende eines Wortes auf, wie in *ball*.

RHYME: MISS POLLY
Miss Polly had a dolly
who was sick, sick, sick,
so she called for the doctor
to be quick, quick, quick;
the doctor came
with his bag and his hat,
and he knocked at the door
with a rat-a-tat-tat.

He looked at the dolly
and he shook his head,
and he said "Miss Polly,
put her straight to bed."
He wrote out a paper
for a pill, pill, pill.

*"I'll be back in the morning
with the bill, bill, bill."*

(Quelle: trad.)

Sprachspiele
Je mehr sprachlichen Input die Kinder bekommen, desto schneller werden sie in der Lage sein, Sprache zu speichern und selbst zu verwenden. Beim fremdsprachlichen Sprechenlernen werden sich die Kinder anfänglich viel durch Imitation aneignen. Spiele wie *Repeat if it's true* (etwas darf nur dann wiederholt werden, wenn es richtig ist; hält die Lehrkraft beispielsweise eine Bildkarte mit einem Apfel darauf hoch und sagt *It's a lemon.*, dürfen die Kinder den Satz nicht wiederholen) sind in dieser Phase sehr hilfreich, um Eintönigkeit vorzubeugen. Andere Spiele fordern die Kinder dazu auf, ihr vorhandenes Sprachwissen in einfachen Satzstrukturen zu wiederholen und anzuwenden. Geeignete Spiele für den Anfangsunterricht sind *I spy with my little eye...* (Ich sehe was, was du nicht siehst...), *What's on my back* (vgl. S. 57) oder Pantomime *(Mime and guess)*. Hier müssen die Kinder erraten, welche Tätigkeit ein anderes Kind darstellt bzw. welches Tier oder welche Person es darstellt: *Are you washing your face? Are you a monkey?*

4.4.3 Redemittel zur Verfügung stellen
Gerade im Anfangsunterricht ist es schließlich wichtig, die Kinder mit einem ersten „kommunikativen Rüstzeug" auszustatten, d.h. ihnen sogenannte *formulae* oder auch Sprach*chunks*, wie z.B. *My name is... I'm fine, thank you. Can I...? Have you got any...?*, an die Hand zu geben. Die Kinder lernen diese sprachlichen Einheiten als Ganzes, d.h. sie achten hier nicht auf deren Zusammensetzung auf syntaktischer Ebene. Solche Redemittel werden von der Lehrkraft immer wieder verwendet und können von Anfang an auch in schriftlicher Form im Klassenzimmer aufgehängt werden, vielleicht als Sprechblasen, auf die man als Lehrkraft verweisen kann, wenn die Kinder etwas fragen möchten oder etwas sagen wollen und ihnen die entsprechenden Redemittel nicht einfallen.

Darüber hinaus sollten kurze Dialoge, die thematisch aus der Lebenswelt der Kinder stammen (Einkaufen, etwas im Restaurant bestellen, eine Verabredung treffen etc.), frühzeitig im Unterricht Platz finden. Das Durchführen eines Dialoges stärkt das Selbstbewusstsein der Kin-

Lexikalische Einheiten: language chunks

der, denn sie erhalten so das Gefühl, schon ein richtiges Gespräch führen zu können. Der Dialog selbst sollte kurz sein und möglichst solche Redemittel enthalten, die auf viele weitere Situationen übertragbar sind.

Strukturierung einer Stunde mit dem Schwerpunkt Hörtexte verstehen
Strukturierung einer Unterrichtsstunde mit dem Schwerpunkt dialogisches Sprechen
Phase 1: *Introduction*
In dieser Phase des Situationsaufbaus tauchen die Kinder in den Ort der Begegnung ein. Sie lernen die Gesprächspartner kennen und erfahren den Zweck der Unterhaltung. Dieser Kontext wird durch Anschauungselemente wie Tafelbild, OHP-Folie, Illustrationen etc. gestützt.
In diesem Zusammenhang können auch neue Wörter eingeführt bzw. wiederholt werden, die für den Dialog notwendig sind.
Phase 2: *Presentation of the dialogue*
Die Kinder begegnen hier einem Beispieldialog. Diesen hören sie entweder von der CD oder die Lehrkraft trägt ihn mithilfe einer Handpuppe vor.
Phase 3: *Gross comprehension*
Nach der ersten Darbietung des Dialoges können sich die Kinder frei zum Inhalt äußern.
Phase 4: *Listening for details*
Vor dem zweiten Hördurchgang erhalten die Kinder gezielte Höraufträge, die sie auf das Herausfiltern der wichtigsten Redemittel lenken sollen (z.B. *What does the lady ask for?*).
Phase 5: *Selection of speech acts*
Mithilfe leerer Sprechblasen wird in dieser Phase der Dialogverlauf nachvollzogen. Die Lehrkraft reproduziert dazu gemeinsam mit den Kindern schrittweise das Gehörte. Hierzu werden konkrete Fragen gestellt, z.B. *What does Emily ask in the beginning? What does the waitress answer?* usw.
Die Redemittel werden dann in den Sprechblasen notiert, bis das Skelett eines Dialoges an der Tafel steht. Der Dialog wird nun mehrfach von den Kindern gelesen und geübt. Anschließend wird der Dialog abgedeckt und die Kinder erhalten eine sogenannte *flow chart* (vgl. Abb. 14, S. 93). Anhand dieser üben die Kinder in Partnerarbeit, einen eigenen Dialog zu führen.
Phase 6: *Scenic reproduction*
Den Abschluss der Dialogstunde bildet das Darstellen des Dialogs vor der Klasse. Dies kann auswendig oder unter Zuhilfenahme der *flow chart* geschehen.
Die Mitschüler hören dem Dialog der Vortragenden aufmerksam zu und werden gebeten, sprachliche oder inhaltliche Fehler zu korrigieren.

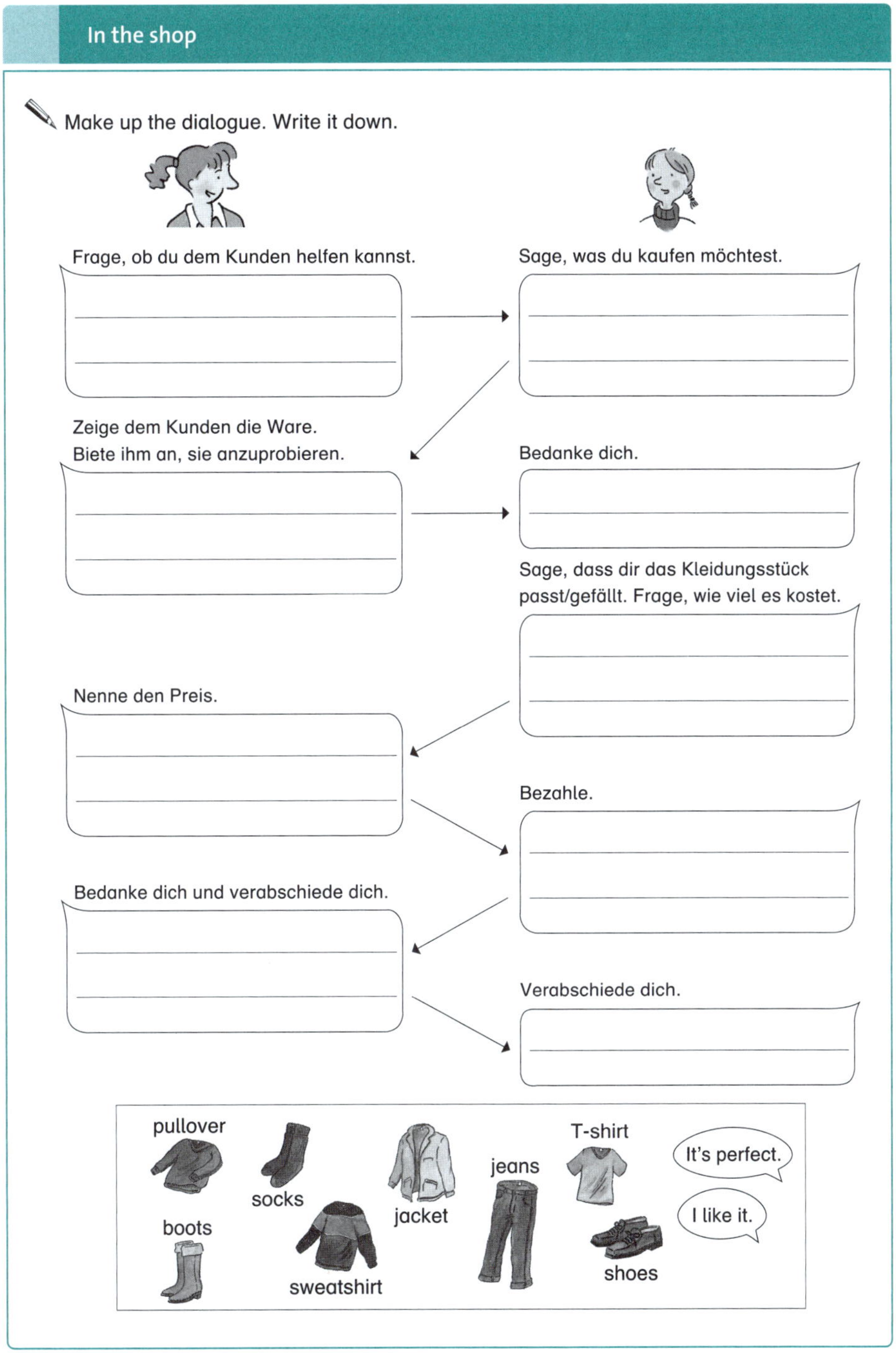

In the shop

✎ Make up the dialogue. Write it down.

Frage, ob du dem Kunden helfen kannst.

Sage, was du kaufen möchtest.

**Zeige dem Kunden die Ware.
Biete ihm an, sie anzuprobieren.**

Bedanke dich.

Sage, dass dir das Kleidungsstück passt/gefällt. Frage, wie viel es kostet.

Nenne den Preis.

Bezahle.

Bedanke dich und verabschiede dich.

Verabschiede dich.

pullover, socks, boots, sweatshirt, jacket, jeans, T-shirt, shoes

It's perfect.
I like it.

Abb. 14: Beispiel für eine *flow chart* (aus: Sally 4 Activity Book, S. 25)

4.5 Lesen und Schreiben

Sehr lange war man der Meinung, es sei von Vorteil, den Kindern das Schriftbild in der Fremdsprache möglichst lange vorzuenthalten, da es sonst zu Interferenzen zwischen Schrift und Klang kommen könnte. Mittlerweile ist man sich jedoch einig, dass das Hinauszögern der Integration von Schrift für den Sprachlernprozess eher hinderlich als nützlich ist (vgl. z.B. Wunsch 2006; Diehr / Rymarczyk 2008). So haben sich die Kinder im dritten Schuljahr bereits daran gewöhnt, das Schriftbild der Muttersprache als Merkhilfe zu verwenden – dies wollen sie entsprechend auch in der Fremdsprache tun. Bietet die Lehrkraft das entsprechende Schriftbild zu neuen Wörtern nicht an, so verschriften die Kinder es selbst nach Gehör. Da das Englische nun aber eine Sprache ist, die in vielen Fällen ein Schriftbild aufweist, das von seiner phonetischen Realisation weit entfernt ist, werden sich die Kinder häufig eine falsche Verschriftung erschließen und abspeichern. Um dem vorzubeugen, sollte die Schrift von Anfang an mit in den Unterricht einbezogen werden. Dabei sollte – eben wegen der unterschiedlichen Phonem-Graphem-Realisation – schwerpunktmäßig auf das synthetische Verfahren zurückgegriffen werden, d.h. neue Wörter sollten zunächst immer als Ganzes angeboten werden und auch erst dann, wenn sie bereits mehrfach von den Kindern gehört wurden.

Phonem- und Graphemrealisation unterscheiden sich im Englischen stark

Um die Schülerinnen und Schüler auf die Besonderheiten der englischen Schreibweise und deren Aussprache hinzuweisen, können sogenannte *patchwords* zur Präsentation neuer Wörter eingesetzt werden. Dabei handelt es sich um Wörter, bei denen die sich in Aussprache und Schrift vom Deutschen unterscheidenden englischen Buchstaben farbig – möglichst hellgrau – markiert werden, z.B.: gr*ee*n. Es tritt also zunächst in den Hintergrund, was falsch ausgesprochen oder geschrieben werden könnte, dennoch wird die Aufmerksamkeit bewusst auf diese Stellen gelenkt. Sobald Klang- und Wortbild gefestigt sind, sollte im Unterricht mit dem regulären Schriftbild weitergearbeitet werden. Große Wortkarten können im Klassenzimmer an die passenden Gegenstände geheftet werden und auch wichtige Redemittel können in Sprechblasen an der Wand fixiert werden.

Anwendung von patchwords

Nachlesen, Mitlesen, Selbstlesen

Kleinere Lesetexte, Liedtexte oder Reime können, nachdem sie von den Kindern gehört wurden, mitgelesen werden; bekannte Wörter und Sätze können die Kinder nach und nach selbstständig erlesen.

Auch beim Schreiben ist es wichtig, dass die Kinder einer Progression folgen. Zunächst sollten die Kinder immer Vorlagen jener Wörter haben, die zu verschriftlichen sind. Wörter können zunächst Bildern zugeordnet, dann nachgespurt und schließlich abgeschrieben werden.

Bevor die Kinder selbst Wörter schreiben, sollten sie mit folgender Lerntechnik zum richtigen Abschreiben vertraut gemacht werden: *look* (genau anschauen) – *cover* (abdecken) – *write* (schreiben) – *check* (überprüfen).

Nach und nach sollten die Kinder dann auch lernen, kleinere Texte, wie Postkarten oder Einladungen, selbst zu schreiben. Auch hier ist es ratsam, den Kindern eine Auswahl an Beispielen zur Verfügung zu stellen.

Abschreiben und reproduktives Schreiben

Lerntechnik zum fehlerfreien Abschreiben

Freies Schreiben

Lernziele im Kompetenzbereich Lesen und Schreiben
Am Ende der 4. Jahrgangsstufe sollen die Kinder
- bekannte Wörter und Sätze lesen können,
- Informationen aus einfachen Texten mit bekannten Wörtern entnehmen können,
- Wörter und einzelne Sätze nach Vorlage abschreiben können,
- bekannte Wörter und Redemittel auswendig aufschreiben können,
- unter Zuhilfenahme von Beispielen auf einfache Weise schriftliche Mitteilungen (Postkarten, Einladungen etc.) verfassen können.

4 | Themen, Ziele und Inhalte des Englischunterrichts in der Grundschule

Sally's clothes

1. Read, write and draw lines.

gloves   pullover

scarf   jacket

woolly hat   socks

a pair of trousers   boots

2. Match the pictures to the words.

a pair of shorts   a pair of jeans   coat   shirt

cap   shoes   skirt   dress

3. What's in the basket?

A blue sock,

a pair of green _____,

a pair of orange _____,

a yellow _____, _____,

_____, _____,

_____, _____,

_____, _____.

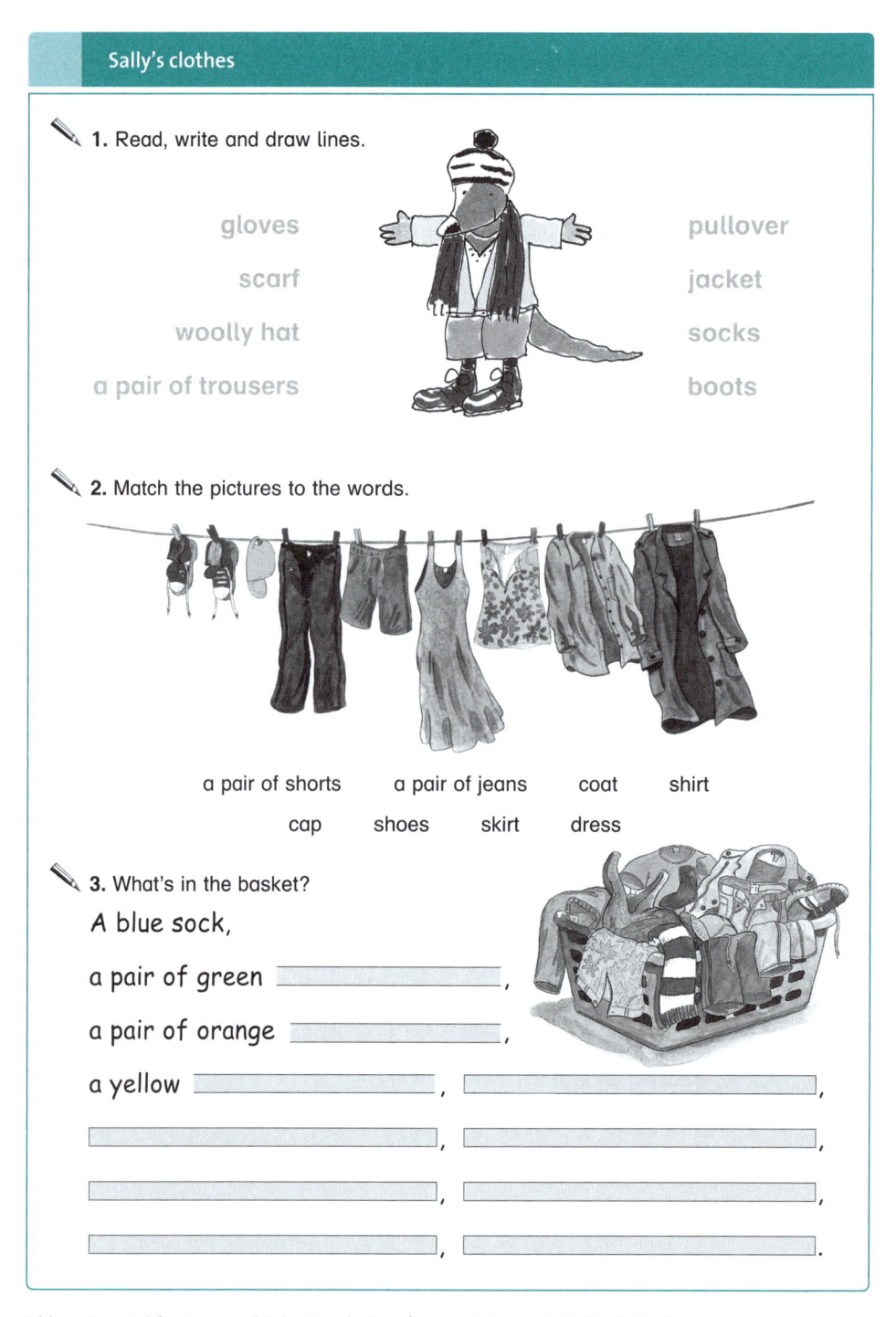

Abb. 15: Beispiel für Lese- und Schreibaufgaben (aus: Sally D 3 Activity Book, S. 14)

4.6 Verfügen über sprachliche Mittel: Wortschatz und Grammatik

Die Konkretisierung des bayerischen Lehrplans von 2004 ordnet den im Lehrplan vorgeschlagenen Themenbereichen eine verbindliche Liste an Vokabular und kommunikativen Absichten zu, die weit über die tägliche Unterrichtssituation im Klassenzimmer hinausgehen. Rund einhundert Wörter und Strukturen sollen bis zum Ende des 4. Schuljahres von den Kindern produktiv verwendet werden können, weitaus mehr im rezeptiven Bereich.

Um überhaupt neue Wörter frei in kommunikativen Kontexten anwenden zu können, müssen die Kinder parallel ein erstes grammatikalisches Verständnis aufbauen. Dies soll nicht bedeuten, dass im Fremdsprachenunterricht nun Grammatik gepaukt wird, dennoch ist es empfehlenswert, den Kindern eine Auswahl an grammatischen Strukturen zu vermitteln, und zwar solche, die für ihre Kommunikation von Bedeutung sind (vgl. Kuhn 2006). Wichtig ist in diesem Zusammenhang, dass solche sprachlichen Regelmäßigkeiten vom Kind zunächst selbst herausgefunden werden können, diese Einsichten aber anschließend explizit im Unterricht thematisiert werden. Es ist sinnvoll und notwendig, das regelgeleitete Lernen in andere Lernbereiche, wie z.B. dem Üben von neuem Wortschatz, dem Lesen einer Geschichte oder dem Kennenlernen eines neuen Reimes oder Liedes, zu integrieren und erarbeitete Phänomene im Anschluss spielerisch zu üben.

4.6.1 Wortschatzarbeit

> **Nachdenkaufgabe**
>
> Welche Komponenten eines Wortes muss das Kind erfassen, bis man davon ausgehen kann, dass es dieses produktiv anwenden kann?

Neue Wörter zu lernen heißt, deren Lautbild zu kennen (phonetischer Aspekt), ihre Bedeutung zu erfassen (semantischer Aspekt), ihre Schreibweise zu beherrschen (orthografischer Aspekt) und ihre Verwendung im Kontext anderer Wörter zu kennen (grammatikalisch-syntaktischer Aspekt). Wortschatzarbeit impliziert demnach immer: Bedeutungen erkennen und verarbeiten, die Arbeit an Aussprache und Intonation sowie die Übung des grammatikalischen Bewusstseins.

Komponenten eines Wortes

Wörter erfassen und behalten

Verschiedene Studien (vgl. Aitchison 1997) zum mentalen Lexikon konnten ergeben, dass Wörter besser erfasst und behalten werden können, wenn sie
- über verschiedene Sinneskanäle aufgenommen werden,
- einen Bezug zur Lebenswelt des Lerners aufweisen,
- auf abwechslungsreiche Art und Weise dargeboten werden,
- in relevante Kontexte bzw. Satzstrukturen eingebunden sind,
- bestimmten Ordnungsprinzipien zugeteilt werden können (z.B. Wortfelder, Wortfamilien, Synonyme, Antonyme etc.)

und dem Lerner
- genügend Zeit gelassen wird, die Wörter rezeptiv zu erfassen und produktiv zu verwenden und er aktiv an der Aufnahme, der Verarbeitung und Anwendung des neuen lexikalischen Wissens beteiligt wird.

Wörter im Kontext von Liedern, Reimen und Geschichten einführen

Die Einführung von und die Arbeit mit neuem Wortschatz kann deshalb auf sehr unterschiedliche Weise verlaufen. So können neue Wörter durch Lieder, Reime oder kurze Geschichten integrativ eingeführt werden. Dies bietet sich insbesondere dann an, wenn deren Inhalte eindeutig zu verstehen sind und mit Gestik und Mimik gut untermauert werden können, wie z.B. im Lied *Head and shoulders* (vgl. S. 80). Möchten wir aber, dass die Kinder diese Wörter auch in anderen Kontexten anwenden können, so müssen wir die Begriffe aus dem ursprünglichen Kontext herauslösen und in neuen, kommunikativen Kontexten üben.

In vielen Unterrichtsstunden muss der Wortschatz zudem vorentlastet werden, um sicherstellen zu können, dass ein anschließender Hörtext oder der Inhalt einer *story* oder eines Dialoges von den Kindern verstanden werden kann. Es bietet sich an, neue Wörter in Gruppen zu präsentieren, z.B. thematisch geordnet (*fruit, toys*), situativ (*What belongs to a farm?*), in Bezug auf ein Objekt (*banana – sweet – yellow – soft*) oder eine Person (*Linda – blond – likes swimming – goes to school by bus*) oder auch in Form von Reimwörtern (*blue, shoe, true*). Hilfreich ist es darüber hinaus, neue Wörter und Phrasen visuell zu veranschaulichen, sei es durch Bilder, Fotos, Realgegenstände, Mimik oder Gestik.

Wörter nach Gruppen ordnen

Wörter visuell veranschaulichen

Erste Wortschatzelemente zu Beginn des Fremdsprachenunterrichts sind meistens Anglizismen, die den Kindern bereits bekannt sind (*Skateboard, Computer, Hamburger* etc.) sowie die Auswahl englischer Vornamen. Es folgt die Benennung von Gegenständen, Eigenschaften und Aktivitäten im Klassenzimmer (*school things, colours, numbers* etc.). Nach und nach wird der thematische Kontext, auf den sich der Wortschatz bezieht, erweitert (*hobbies, friends, nature* etc.).

Dabei sollte man sich bewusst machen, dass eine reine Ansammlung von Nomen den Lerner kommunikativ nicht wirklich weiterbringt. So ist es von Anfang an wichtig, Verben, Adjektive und Funktionswörter (Adverben, Pronomen, Präpositionen) im ausreichenden Maße mitzuberücksichtigen und dem Lerner an die Hand zu geben. Eine umfangreiche und detaillierte Auflistung von Inhalts- und Funktionswortschatz, den Kinder am Ende des 4. Schuljahrs beherrschen sollten, findet man bei Mindt und Schlüter (2007).

4.6.2 Lernziele im Bereich Wortschatz

Am Ende der 4. Jahrgangsstufe sollten die Kinder
- einen Mindestwortschatz von ca. 100 Wörtern produktiv verwenden können,
- erlernte Wörter verständlich aussprechen können,
- erlernten Wörtern die richtige Bedeutung zuordnen können,
- erlernte Wörter in unterschiedlichen vertrauten Kontexten anwenden können,
- die richtige Schreibung der erlernten Wörter kennen,
- wissen, zu welcher Wortart die erlernten Wörter gehören.

Ein Rezept zum Aufbau einer „guten Unterrichtsstunde" gibt es für den Bereich der Wortschatzarbeit nicht; das nachfolgende Verlaufsmodell soll lediglich eine Variante der Durchführung darstellen, die sich insbesondere für die Vorentlastung von Wörtern oder die Einführung thematisch geordneter Wortgruppen eignet.

Strukturierung einer Unterrichtsstunde mit dem Schwerpunkt Wortschatzarbeit

Phase 1: *Introduction of the situation*

In dieser Phase wird der situative Rahmen für die nachfolgend einzuführenden Wörter gesetzt. Dies geschieht anhand eines Tafelbildes, in Form eines Dialogs zwischen Lehrkraft und Handpuppe oder mittels Bildern und / oder Realgegenständen, die zum jeweiligen Kontext passen (eine Postkarte aus London, ein Einkaufskorb etc.). In dieser Phase sollten auch Redemittel reaktiviert werden, die den Kindern bereits bekannt sind.

Phase 2: *Presentation of the new words / chunks or phrases*

Nun werden die neuen Wörter und Redemittel in Sprachhandlungen (situative Kontexte) eingebunden und von der Lehrkraft dargeboten. Reale Gegenstände, Bilder, Symbole, Gestik und Mimik werden dabei unterstützend eingesetzt.

Im unmittelbaren Anschluss an die erste Darbietung der neuen Begrifflichkeiten folgen spielerische Übungen, wie z.B. *What colour is...?*, *Point at...*, *Stand up if it's true*, die sicherstellen, dass die Kinder die Bedeutung richtig erfasst haben.

Haben die Kinder die Wörter mehrfach gehört, lassen sich verschiedene Übungen zur Festigung der Aussprache und Intonation anschließen. Chorsprechen, rhythmisches Sprechen und spielerische Übungen wie *Repeat if it's true...* oder *Read my lips* finden hier ihre Anwendung. Schließlich werden spielerische Übungen zum reproduktiven Sprechen wie *Memory*, *Snap* oder kleinere Frage- und Antwort-Spiele durchgeführt.

Phase 3: *Presentation of the written words*

Mithilfe von *flashcards* (Wortkarten) oder *patchwords* wird den Kindern das Schriftbild der neuen Wörter und Phrasen nur kurz, ggf. mit Hinweisen auf Laute, die zu Interferenzfehlern führen können, gezeigt. Im nächsten Schritt sprechen die Kinder die neuen Wörter aus dem Gedächtnis. Schließlich können die Wortkarten den jeweiligen Bildern, Gegenständen, Skizzen oder Aktivitäten zugeordnet werden.

Phase 4: *Practice phase*

In dieser Phase werden die neuen Wörter produktiv verwendet. Dies kann in Form kürzerer Dialoge, im Rahmen von Umfragen, Interviews oder Spielen geschehen. Die schriftliche Fixierung der Wörter erfolgt anhand von kurzen Zuordnungsübungen, Lückentexten, Beschriftungen etc.

4.6.3 Grammatik spielerisch üben

Die Frage, ob das Erlernen von Grammatik im Fremdsprachenunterricht der Grundschule überhaupt Eingang finden sollte, wird vielfach diskutiert (vgl. Mindt / Schlüter 2007, Kuhn 2006). Grammatik lernt man mit dem Ziel, die Regelhaftigkeiten einer Sprache so zu durchdringen, dass man korrekte Sprachstrukturen erkennen und letztlich auch anwenden kann. Die Erkenntnis, dass Sprache ein regelhaftes System ist, kann dem Lerner deshalb durchaus helfen, eine Sprache schneller zu erwerben und Fehler zu vermeiden und ihm Mut geben, Sprache zu produzieren. Auch wenn im Fremdsprachenunterricht der Grundschule grammatikalisches Wissen nur in begrenztem Maße geübt werden kann, so macht es Sinn, gerade jene Phänomene zu thematisieren und zu üben, die von den Kindern selbst immer wieder im Unterricht produziert werden müssen. Hierzu gehören beispielsweise die Bildung des Plurals, die Anwendung der dritten Person Singular oder auch das Formulieren von Fragen.

Konkrete Lernziele für den Bereich der Grammatik lassen sich nur schwer festlegen, da sie sich aus dem individuellen Lernkontext ergeben sollten. Übergreifend geht es darum, dass die Kinder ein erstes grammatikalisches Regelverständnis in der Fremdsprache entwickeln und versuchen, einzelne Regeln anzuwenden. Eine Auswahl an Aktivitäten zu unterschiedlichen grammatischen Phänomenen hat Tatjana Kuhn (2006, 2008) zusammengefasst. Sie schlägt u.a. Spiele wie *Odd one out*, *Bingo* oder *Memory* vor, um grammatische Strukturen spielerisch zu festigen.

MAKE CORRECT SENTENCES (Übung zur 3. Person Singular)

Die Kinder arbeiten in Gruppen oder mit einem Partner zusammen. Vor ihnen liegen verdeckt Karten mit Satzanfängen und Satzenden. Nach dem Memoryspiel-Prinzip werden die Karten aufgedeckt und danach überprüft, ob sich aus ihnen ein richtiger Satz erstellen lässt.

The dog	like hot chocolate.
I	collects stickers.

Tim	likes to play ball.
My mum	can play this game with me.
You	loves flowers.

ODD ONE OUT (Übung zur Bildung des Plurals)

4.7 Interkulturelle Kompetenz

Dass sich der Begriff „interkulturelle Kompetenz" nur wenig einheitlich definieren lässt, liegt vor allem daran, dass er in unterschiedlichen Zusammenhängen verwendet wird und entsprechend variable Ziele verfolgt.

Wie in Kapitel 2 deutlich wurde, geht es im Kontext des fremdsprachlichen Lernens darum, die Kinder dazu zu befähigen, *„angemessen in Situationen agieren zu können, in denen Sprecher mehrerer Länder oder*

Regionen und / oder Muttersprachen anwesend sind" (Sarter 2008, S. 6). Interkulturelle Kompetenz impliziert deshalb Respekt und Offenheit gegenüber anderen Kulturen und die Bereitschaft, seine eigene Kultur vor dem Spiegel fremder Kulturen neu zu überdenken.

Für viele Lehrkräfte stellt sich in diesem Zusammenhang die Frage, welche Lernaktivitäten und Inhalte im Unterricht gewählt werden können, um dieses – nur schwer überprüfbare – Ziel zu erreichen. Eine Studie in zehn EU-Staaten ergab, dass sich mehr als 90 % der befragten Pädagogen mehr Unterstützung in diesem Kompetenzbereich wünschen (vgl. www.lace2007.eu).

4.7.1 Lernziele und Aktivitäten im Bereich interkulturelle Kompetenz

Die Kinder werden sensibilisiert für
- andere kulturelle Hintergründe und Traditionen,
- Gemeinsamkeiten und Unterschiede verschiedener Kulturen,
- die sprachliche und kulturelle Vielfalt Europas und der Welt.

Nach Doyé (1999) bietet sich neben der Arbeit mit Symbolen und kulturspezifischen Produkten insbesondere die Darstellung von Gewohnheiten und Traditionen an, um einen ersten Einblick in die fremdsprachige Kultur zu gewinnen.

Symbole und Traditionen

So können beispielsweise australische Verkehrsschilder aufzeigen, dass es in diesem Land andere Gefahren im Straßenverkehr gibt als in Deutschland. Auch dass Weihnachten in Australien aufgrund der Temperatur ganz anders gefeiert wird als in Europa, dürfte für Grundschulkinder sehr interessant sein. Wie fänden sie es, wenn sie Heiligabend anstelle einer Gans ein Grillwürstchen im Garten essen könnten?

4 | Themen, Ziele und Inhalte des Englischunterrichts in der Grundschule

Let's go to Australia

Sydney is the biggest city.
A road train is a very long truck.
Ayers Rock is a big flat rock.
At the Great Barrier Reef
you can see under water corals
and wonderful coloured fish.
An Australian Aborigine
is playing the didgeridoo.

1. Look at the photos.
2. Listen and point.
3. Read the text. Find the correct photo.
4. Draw an Australian traffic sign.

G'day!

Next 92 km

Abb. 16: Beispiel für interkulturelle Kompetenz (aus: Sally D 4 Schülerbuch, S. 43)

Feste und Feiern sind für Kinder immer etwas ganz Besonderes. Deshalb ist es für sie spannend zu erfahren, welche Feste es in anderen Ländern gibt, die bei uns nicht existieren, oder wie man Feiertage in anderen Ländern verbringt. Viele Kinder wissen vielleicht gar nicht, dass es *Halloween Parties* in Deutschland bis vor einigen Jahren überhaupt nicht gab und woher diese Tradition überhaupt stammt, die wir mittlerweile übernommen haben.

Feste und Feiern

Die folgende Liste gibt einen Überblick über die wichtigsten Feiertage und Feste im englischsprachigen Raum:

Festivals in the United Kingdom and the USA	
New Year's Day	Der Neujahrstag wird genau wie in Europa am 1. Januar, nach dem *New Year's Eve* (Silvester) gefeiert.
Valentine's Day	Am 14. Februar feiert man Valentinstag. Dabei schenken sich Liebespaare oder Freunde Blumen und Karten.
St. Patrick's Day	Diesen Tag feiert man am 17. März in Irland. Der Heiligenpatron St. Patrick wird mit Umzügen und Parties geehrt. Symbol ist ein dreiblättriges Kleeblatt.
Pankcake Day / Shrove Tuesday	Einen Tag vor Aschermittwoch werden in englischen Straßen Wettläufe veranstaltet. Die Teilnehmer müssen auf einer Rennstrecke Pfannkuchen wenden. Auf diese Weise wird die Fastenzeit eingeläutet.
Mother's Day	In England feiert man den Muttertag sechs Wochen vor Ostern.
April Fool's Day	So nennt man den 1. April in England. Auch hier wird gescherzt – allerdings nur bis mittags.
Easter	Ostern feiert man in England und den USA nur am Ostersonntag. Es werden Ostereier gesucht (*egg hunt*), Karten verschenkt und am Karfreitag traditionell süße Brötchen gegessen (*hot cross buns*).
St. George's Day	Der englische Heiligenpatron und Drachentöter wird am 23. April gefeiert. Viele Leute stecken sich eine rote Rose, die Blume Englands, an.
May Day	Am 1. Mai wird der Sommerbeginn mit Tanz um den Maibaum gefeiert. Am ersten und am letzten Montag im Mai wird nicht gearbeitet (*bank holiday*).
Independence Day	Am 4. Juli feiert man in den USA den Tag der Unabhängigkeit mit großen Feuerwerken und Umzügen.
Thanksgiving / Harvest Festival	In den USA feiert man am vierten Donnerstag im November *Thanksgiving* traditionell mit einem Truthahnessen. In England feiert man Erntedank (*Harvest Festival*) an einem Sonntag im September oder Oktober.

Halloween	Dieses Fest wird am 31. Oktober gefeiert und leitet nach dem alten keltischen Kalender das neue Jahr ein.
Guy Fawkes Day / Bonfire Night	Der Jahrestag der Pulververschwörung wird am 5. November in Großbritannien mit großen Feuerwerken und Fackelzügen begangen.
Christmas	Weihnachten feiert man in England vom 24. – 26. Dezember, in den USA gibt es keinen zweiten Weihnachtsfeiertag. Die Geschenke kommen in beiden Ländern in der Nacht vom 24. auf den 25.12. zu den Kindern.

Routinen und Landeskunde

Alltägliche Routinen und kulturelle Besonderheiten lernen die Grundschulkinder besonders gut durch das Betrachten authentischer Bilderbücher kennen (vgl. hierzu Kap. 3.10). Hier treffen sie auf authentische Sprache, denn die Bücher wurden für Kinder der Zielsprachenkultur geschrieben und nicht für Kinder in deutschen Klassen. Gleichzeitig sehen sie den Zeichenstil von Künstlern aus einem anderen Land und werden mit Gegebenheiten vertraut, die in der anderen Kultur „normal", für unser Verständnis aber neu sind (in den USA werden einem im Supermarkt die Lebensmittel an der Kasse eingepackt; in England wartet man an der Bushaltestelle und an der Kasse geordnet in einer Schlange; in Irland beginnt der Unterricht erst um 9.00 Uhr...).

Bilderbücher

Eine gute Möglichkeit zur Auseinandersetzung mit dem Thema „Stereotype" bietet das Buch *My cat likes to hide in boxes* von Eve Sutton und Lynley Dodd (erschienen bei Picture Puffins). Hier wird über sehr einprägsame Illustrationen von Katzen aus verschiedenen Ländern aufgezeigt, wie stereotyp unsere Vorstellungen von Kulturen sind (die Katze aus Japan trägt einen Kimono, die Katze aus Frankreich eine Baskenmütze und ein Baguette unter dem Arm, die deutsche Katze eine Lederhose). Ausgehend von dieser Geschichte lässt sich nun gut gemeinsam überlegen, woher unsere Vorstellungen über verschiedene Kulturen kommen, wie die Kinder ihre eigene Kultur einschätzen und was sie über andere bereits wissen. Dazu können die einzelnen Bilder zunächst aus dem Buch kopiert und den Schülerinnen und Schülern vorgelegt werden. Diese sollen zunächst Vermutungen darüber anstellen, aus welchem Land die Katzen kommen und ihre Einschätzung begründen. Der Text ist in Reimform angeordnet und kann schnell von den Kindern mitgesprochen und auswendig gelernt werden. Auch eignet sich die Geschichte zum Nachspielen. Die Kinder können Informationen über die einzelnen Länder sammeln und diese im Fremdsprachenunterricht kurz vorstellen. Abschließend können die Mädchen und Jungen selbst weitere Katzen aus anderen Ländern zeichnen und sich Reime dazu überlegen.

Einen schönen Überblick über die wichtigsten Sehenswürdigkeiten in London bietet das Buch *Katie in London* von James Mayhew, erschienen bei Hodder & Stoughton. Katie macht mit ihrer Oma und ihrem Bruder einen Ausflug nach London. Katies Oma ist müde und schläft vor der Nelson Statue ein. Katie und ihr Bruder klettern auf einen der Löwen, die Nelson bewachen. Der Löwe wird wach und zeigt Katie und ihrem Bruder die interessantesten Sehenswürdigkeiten von London: *London Eye, Houses of Parliament, Big Ben, Tower Bridge, Tower of London, Buckingham Palace, Hyde Park, St. Paul's Cathedrale, Piccadilly Circus* und *Harrods*.

Bilderbücher

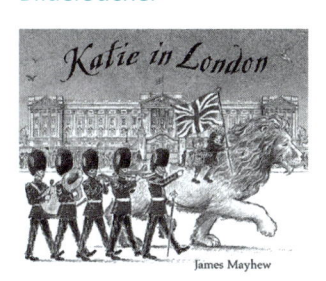

Kinder der 4. Klasse können im Anschluss für ausländische Besucher ihrer eigenen Stadt einen kleinen englischsprachigen Reiseführer gestalten.

Besonders spannend wird es dann, wenn die Kinder sich in der direkten Kommunikation, sei es im Gespräch oder virtuell über Briefe oder via E-Mails, mit Personen anderer Kulturen über solche Gewohnheiten und Bräuche austauschen können. Wie läuft der Schulalltag in Großbritannien ab? Welche Sportarten sind in den USA populär? Wie verbringt man dort die Wochenenden? Der Bildungsserver des Landes Niedersachsen (http://www.nibis.de) bietet in diesem Zusammenhang Anregungen, Adressen und Links, die die Organisation einer internationalen Schulpartnerschaft ermöglichen.

Brief- und E-Mailkontakt

Zu guter Letzt sollten natürlich auch landeskundliche Informationen an den Lerner gegeben werden. Diese können in Form kleinerer Texte, unterstützt durch Bilder, in der Fremdsprache an den Lerner herangetragen werden oder auch mithilfe von Lehrererzählungen und längeren Informationstexten, die den Kindern in der deutschen Sprache an die Hand gegeben werden. Dabei sollte die Lehrkraft die bereits in der Klasse vorhandenen Kulturen immer wieder mit in das Gespräch einbeziehen, wenn es um die Auseinandersetzung mit der eigenen und fremden Kultur geht.

Landeskunde

4.8 Entwicklung von Lern- und Methodenkompetenz

Ein wichtiger Grundsatz effektiven Fremdsprachenlernens ist, zu erkennen, dass dieses ein lebenslanger Prozess ist. Man lernt in einer Sprache nie aus. Umso bedeutender ist es, dass wir den Kindern von Anfang an Instrumente an die Hand geben, die es ihnen sowohl ermöglichen, die Fremdsprache selbstständig zu erlernen, zu üben und anzuwenden als auch ihre Lernprozesse selbst zu planen, vorzubereiten, zu strukturieren und zu gestalten, zu beobachten und zu reflektieren, zu kontrollieren, zu bewerten und zu regulieren (Lernkompetenz). Zudem sollen die Kinder wissen, woher sie sich notwendige Informationen beschaffen können, wie sie diese behalten und abrufen können, wie sie Probleme in der Fremdsprache lösen können und wie neue Erkenntnisse und Ergebnisse präsentiert werden können (Methodenkompetenz; vgl. Haß 2006).

Lerntechniken und Lernstrategien

Bereits in der Grundschule ist es deshalb sinnvoll, von Anfang an mit den Schülerinnen und Schülern zu thematisieren, was ihnen beim Lernen hilft und sie mit gewissen Lernstrategien und -techniken vertraut zu machen. Dabei wird die **Lerntechnik** als konkrete Aktion verstanden, die Lernende einsetzen, wie z.B. das Nachschlagen eines unbekannten Wortes im Wörterbuch oder das Anfertigen einer Skizze als Merkhilfe zu einem Satz, während die **Lernstrategie** die übergeordnete Bündelung der einzelnen Verfahren meint, z.B. Techniken der Worterschließung, Überwachung der eigenen Lernprozesse etc. (vgl. Finkbeiner 2009).

Welche Strategien sind für das Lernen einer fremden Sprache für Grundschulkinder bedeutsam?

In der Literatur werden meist drei Gruppen von Strategien unterschieden (vgl. Oxford 2002, Bimmel / Rampillon 2000, Elsner 2007).

Fremdsprachliche Lern- und Sprachgebrauchsstrategien

1. Direkte Strategien

Hierzu zählt der große Bereich der Gedächtnisstrategien: Formen der Verknüpfung und Kontextualisierung (z.B. ein Bild zu einem Wort zeichnen), die mehrkanalige Speicherung (sich etwas laut vorsagen und das Wort gleichzeitig lesen) und die sogenannten Sprachverarbeitungsstrategien, zu denen u.a. die Strukturierung von Informationen und Texten, die Analyse von Sprache sowie der Einsatz von Hilfsmitteln gehören (z.B. das Ordnen von Wörtern nach Wortfeldern oder das Verwenden eines Wörterbuches).

2. Indirekte Strategien

Hierzu gehören die metakognitiven Strategien, welche dazu eingesetzt werden, das eigene Lernen zu organisieren und zu steuern (das „Lernen lernen", z.B. durch den Einsatz eines Portfolios) sowie die sozial-affektiven Strategien (z.B. gezielte Wahrnehmung von Gefühlen, Risikobereitschaft und Mut, in der fremden Sprache zu kommunizieren, über Nachfragen bei der Lehrkraft oder beim Partner Informationen bekommen sowie die Zusammenarbeit mit anderen).

3. Sprachgebrauchsstrategien

Hierunter fallen Vermeidungsstrategien (z.B. ein Thema umgehen oder lieber schweigen) und Paraphrasierungsstrategien (Umschreibungen, Synonyme, Worterfindungen).

Einigen Studien zufolge werden direkte oder auch kognitive Strategien von Lernenden dann am häufigsten eingesetzt, wenn sie sich neue Wörter und Strukturen der fremden Sprache merken oder diese wiederholen wollen (De Leeuw 1997, S. 176).

Nach Mayer (2006) bietet der Bereich der Wortschatzarbeit eine optimale Möglichkeit zum Üben solcher Strategien und Techniken. Das Grundprinzip sei dabei, dass der Begriff oder eine Phrase nicht isoliert gelernt wird, sondern entweder in Verbindung mit einem Bild oder realen Gegenstand, im Kontext einer Geschichte oder in einer strukturierten Darbietung als *mind-map*, in einer prototypischen Umrahmung oder gekoppelt an eine Bewegung.

mind-map als Merkhilfe

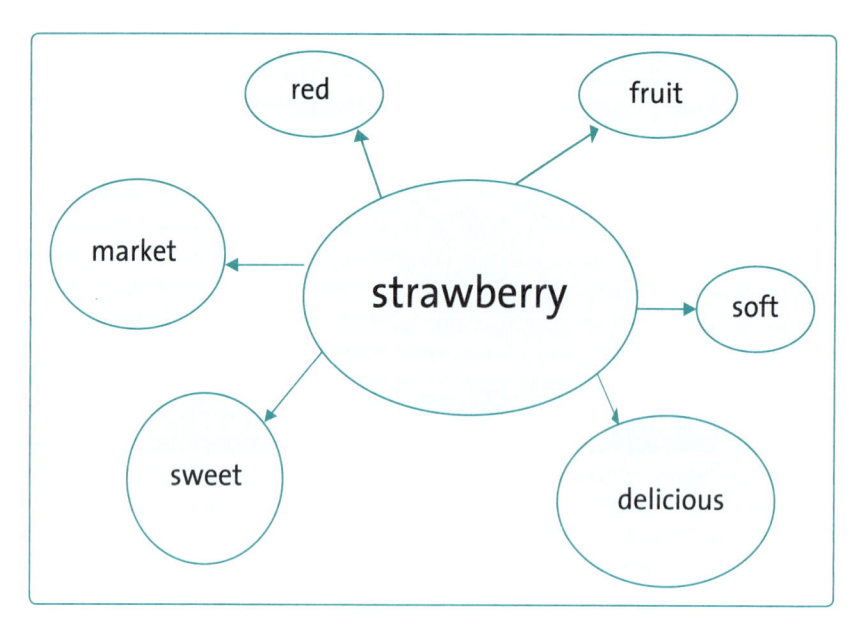

Abb 17: *Mind-map* als Merkhilfe

Wichtig ist, dass man die Kinder selbst herausfinden lässt, welche Lerntechnik ihnen persönlich am meisten hilft. So ist die Verknüpfung von Sprache und Bewegung vielleicht gerade für kinästhetisch orientierte Lernertypen hilfreich. Ihnen fällt es häufig leichter, sich beim Laufen oder mit passenden Bewegungen etwas zu merken (vgl. De Leeuw 1997, S. 182).

Eine Vokabelkartei führen

Das Führen einer Vokabelkartei oder auch das Anlegen eines Wörterbuches sind besonders für die linguistischen und visuellen Lernertypen gute Techniken, sich einen neuen Wortschatz zu merken, vor allem dann, wenn die Wörter um Bilder oder Beispielsätze ergänzt werden. Viele Lerner können Begriffe über Lieder und Reime intensiv und lang anhaltend abspeichern. Mayer (2006, S.65) beschreibt diese „Depot- oder Weckerfunktion" folgendermaßen: *„Ein bestimmtes Wort weckt (auch Jahre später noch) die Erinnerung an eine Lied- oder Reimzeile."*

Auch sozial-affektive Strategien kommen in der Grundschule zum Tragen: Das bewusste Entspannen vor einem Hörtext, die Lehrkraft gezielt um Hilfe oder Korrektur bitten, andere erfolgreiche Lerner beobachten und imitieren oder sich für Erfolge selbst belohnen, sind Strategien, die Kinder gezielt einsetzen können, um fremdsprachige Situationen zu meistern.

Auf der Ebene der metakognitiven Strategien sind das Führen eines Portfolios oder Lerntagebuches, das Anlegen einer Fehlerkartei, das Aufstellen eines Lernplans sowie das Ausblenden von Störfaktoren als hilfreiche Maßnahmen für erfolgreiches Lernen zu nennen.

Insgesamt ist es wichtig, dass solche Techniken und Strategien direkt mit den Kindern besprochen werden, denn nur so können sie diese gezielt und vor allem bewusst einsetzen.

Lerntagebücher, Portfolios, Fehlerkarteien

5 Handlungsfelder grundschulgemäßen Fremdsprachenlernens

5.1. Planung und Reflexion von Unterricht

> **Nachdenkaufgabe**
>
> Fünf Lehrkräfte unterhalten sich darüber, ob es Sinn macht, Unterricht zu planen. Welcher Aussage stimmen Sie am ehesten zu? Begründen Sie Ihre Aussage.
> Schreiben Sie dann selbst einen Satz auf, der Ihre Meinung zur Planung von Unterricht widerspiegelt.
>
> Lehrkraft A: „Ich plane meinen Unterricht deshalb, weil ich mir bei der Planung selbst über meine Ziele und Methoden im Unterricht klar werden muss."
>
> Lehrkraft B: „Ich unterrichte sowieso nie so, wie ich es mir vorher vorgenommen habe. Wieso sollte ich dann also planen?"
>
> Lehrkraft C: „Wenn ich keinen Plan habe, dann habe ich auch keine Bewertungsgrundlage für den Lernerfolg meiner Schüler."
>
> Lehrkraft D: „Ich plane meinen Unterricht immer nur grob – niemals jeden einzelnen Schritt."
>
> Lehrkraft E: „Ich habe immer einen genauen Plan für meinen Unterricht. Das ist wichtig für mich und die Schüler. Denn nur dann wissen alle, worauf ich hinaus will."

„Rezepte" für den guten Unterricht gibt es nicht – nur Planungsanregungen

Studierende, Referendare und Lehrkräfte wünschen sich häufig „Rezepte" für gute Unterrichtsstunden. Diese gibt es aber (leider) nicht. Das hat unterschiedliche Gründe – erstens ist jede Klasse anders, zweitens ist Unterricht stets von der jeweiligen Lehrkraft abhängig und drittens sorgt die Realität immer wieder für Überraschungen.

Das heißt jedoch nicht, dass Unterricht nicht geplant werden sollte. Ganz im Gegenteil – eine gute Vorbereitung ist eines der wichtigsten Qualitätskriterien guten Unterrichts und verlangt eine Vielzahl an Denk- und Entscheidungsprozessen, deren Effektivität und Wirksamkeit erst in der konkreten Umsetzung sichtbar werden. Nur in der Planungsphase haben wir die Gelegenheit, darüber nachzudenken, welche Methoden und Sozialformen sich aufgrund welcher theoretischer Aspekte für den Unterrichtsgegenstand und die zu unterrichtende Gruppe eignen. Stehen wir erst einmal vor der Klasse, werden wir kaum noch die nötige Zeit dazu haben, über Alternativen nachzudenken. Zudem besteht Unterricht nicht aus einer losen Ansammlung von Einzelstunden. Eine Unterrichtsstunde steht immer im Zusammenhang einer ganzen Unterrichtssequenz. Entsprechend sollte auch grundsätzlich erst die Sequenz geplant werden, bevor man sich der einzelnen Unterrichtsstunde widmet.

5.1.1 Unterrichtsplanung
Folgende Überlegungen sollte man zur Planung einer Unterrichtssequenz anstellen:

Planung einer Unterrichtssequenz
1. **Curriculum:** Orientieren Sie sich am Lehr- bzw. Rahmenplan für den Fremdsprachenunterricht in der Grundschule. Welches Thema möchten Sie wann behandeln?
2. **Inhalt und Ziele:** Welche inhaltlichen und sprachlichen Aspekte umfasst das Thema Ihrer Meinung nach? Was sollen die Kinder in dieser Einheit lernen? Welche Kenntnisse besitzen Sie zum Thema? Müssen Sie noch Informationen einholen?
3. **Lerngruppe:** Überdenken Sie, was die Lerngruppe zu diesem Thema besonders interessieren könnte. Was wissen die Kinder eventuell schon? Welche Arbeitstechniken kennen sie bereits?
4. **Zeit:** Wie viele Stunden müssen Sie für die gesamte Einheit einplanen? Wie teilen Sie die Einheit auf? Ordnen Sie jeder Stunde einen Schwerpunkt zu und bestimmen Sie die jeweiligen Stundenziele.
5. **Evaluation:** Wie können Sie am Ende der Einheit überprüfen, ob die Kinder tatsächlich das gelernt haben, was Sie ihnen vermitteln wollten?

Eine Unterrichtssequenz kann aus unterschiedlich vielen Stunden bestehen. Sieht man sich jedoch die Fülle an Themen an, die im Rahmen des Fremdsprachenunterrichts in der Grundschule Eingang finden, so wird deutlich, dass man ca. 5–7 Unterrichtsstunden zur Verfügung hat. Dabei sollte in jeder Einheit darauf geachtet werden, dass die Kinder alle Fertigkeitsbereiche üben. Auch sollten sich Spiele, Lieder, Reime, Geschichten, Dialoge, kulturelle und kreative Inhalte die Waage halten. Zudem sollte sichergestellt sein, dass die Kinder genügend Anlässe zur eigenen Sprachproduktion erhalten. Wichtig ist dabei, dass neu erlernte Redemittel aus den vorangegangenen Einheiten auch in den weiterführenden *Units* immer wieder geübt werden.

Für ein erstes Brainstorming bietet es sich an, Ideen in einer *mind-map* zu sammeln und festzuhalten, welche Medien, Materialien, Geschichten etc. für die Unterrichtseinheit zur Verfügung stehen:

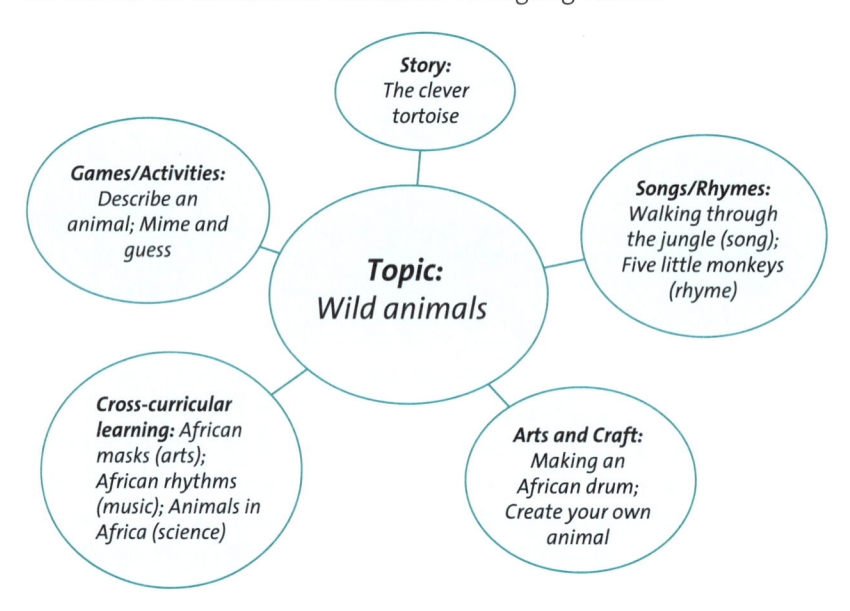

Topic: **Wild animals**

- **Story:** The clever tortoise
- **Games/Activities:** Describe an animal; Mime and guess
- **Songs/Rhymes:** Walking through the jungle (song); Five little monkeys (rhyme)
- **Cross-curricular learning:** African masks (arts); African rhythms (music); Animals in Africa (science)
- **Arts and Craft:** Making an African drum; Create your own animal

Abb. 18: *Mind-map* als Planungshilfe

Will man nun eine einzelne Unterrichtsstunde planen, so macht es Sinn, folgende Aspekte zu berücksichtigen:

Planung einer Unterrichtsstunde
1. **Thema:** Verschaffen Sie sich zunächst einen Überblick über Fakten und Materialien zum ausgewählten Stundenthema.
2. **Unterrichtsgegenstand:** Entscheiden Sie sich für einen zentralen Unterrichtsgegenstand (Spiel, Lied, Reim, Geschichte etc.) und analysieren Sie diesen genau hinsichtlich seines Lerninhaltes und Schwierigkeitsgrades sowie im Hinblick auf dessen methodisch-didaktischen Umsetzungsmöglichkeiten.
3. **Lernvoraussetzungen:** Überlegen Sie, was die Kinder an diesem Unterrichtsgegenstand besonders interessieren könnte. Welche Vorkenntnisse besitzen sie bereits? Welche Lern- und Arbeitstechniken sind den Kindern vertraut?
4. **Grobziel:** Formulieren Sie das Hauptziel Ihrer Stunde. Überprüfen Sie auch, ob dieses Ziel den Anforderungen des Curriculums entspricht.

5. **Feinziel:** Formulieren Sie auf dieser Grundlage Teillernziele (Lernschritte), die die Kinder im Verlauf der Unterrichtsstunde nachvollziehen müssen. Achten Sie dabei auf ein ausgewogenes Verhältnis von kognitiven (was sollen die Kinder wissen?), instrumentellen (was sollen die Kinder tun?) und affektiven (was sollen die Kinder fühlen?) Lernzielen. Überlegen Sie dabei stets, wieso Sie die Lernschritte genau in der von Ihnen gewählten Reihenfolge setzen. Gäbe es andere Möglichkeiten?
6. **Sozialformen / Medien:** Reflektieren Sie, welche Sozialformen (Einzelarbeit, Partnerarbeit, Gruppenarbeit, Frontalunterricht) und welche Materialien (Realgegenstände, Poster, Arbeitsblätter etc.) sich für die Durchführung der einzelnen Lernschritte eignen. Gäbe es Alternativen? Was spricht für oder gegen diese?
7. **Ablauf / Zeit:** Skizzieren Sie Ihren Stundenverlauf am besten in einer Tabelle, in welcher Sie die geplante Zeit, die jeweilige Phase, den Unterrichtsverlauf und die einzusetzenden Medien und Sozialformen festhalten. Beachten Sie dabei unbedingt, dass Sie nicht jeden Schritt bis ins letzte Detail planen können. Lassen Sie sich genügend Spielraum innerhalb der einzelnen Phasen.

Der Fremdsprachenunterricht verläuft, wie bereits aus den vorangegangenen Unterrichtsbeispielen zu den einzelnen Fertigkeitsbereichen und Sprachmitteln deutlich wurde, in drei groben Phasen:

- Hinführungsphase (*pre-learning activities*) zur Vorentlastung oder Wiederholung des Wortschatzes, zur Schaffung eines situativen Kontextes, zur Vorbereitung der eigentlichen Aufgaben etc.,
- Hauptphase (*while-learning activities*) zur Auseinandersetzung mit dem Schwerpunkt der Stunde,
- Schlussphase (*post-learning activites*) zur Sicherung, Übung und Weiterführung neu erlernter Inhalte.

Drei Phasen der Unterrichtsgestaltung

Folgender Planungsbogen kann Ihnen helfen, all diese Überlegungen bei Ihrer Stundenplanung mitzuberücksichtigen.

Beispiel für eine Unterrichtsstunde

Titel / Thema der Unterrichtsstunde: *Wild animals*	Geplante Zeit: 45 Minuten
Stellung in der Sequenz: 1. *Wild animals* – Wortschatzeinführung mit TPR-Geschichte 2. Hörtext: *A trip to the jungle* 3. Song: *Walking through the jungle* 4. Story: *The clever tortoise* 5. Rhyme: *Five little monkeys*	
Jahrgangsstufe: 4	Material / Medien: Bild- und Wortkarten *wild animals* sowie Arbeitsblätter
Grobziel der Stunde: Die englischen Bezeichnungen für verschiedene wilde Tiere verstehen und selbst anwenden können	Lernschritte / Feinziele: kognitiv: – die TPR-Geschichte *Wild animals* verstehen – die Begriffe *elephant, monkey, snake, giraffe* in ihrer Bedeutung erfassen – das Schriftbild der neuen Wörter verinnerlichen instrumentell: – die TPR-Geschichte *Wild animals* mitspielen – Wort- und Bildkarten zuordnen – die neuen Wörter schreiben – die Tiere beschreiben affektiv: – Freude durch spielerisches und bewegtes Lernen erfahren
Geplante Aktivitäten / Aufgaben: – TPR-Geschichte hören und mitspielen – Zuordnungsaufgabe (Tiere und ihre Eigenschaften) – Wörterschlange (*wordsnake*) – Kreuzworträtsel (*crossword puzzle*)	Sozialformen während der Aktivitäten: – Unterrichtsgespräch (UG) – Partnerarbeit (PA) – Einzelarbeit (EA)

Zeit	Unterrichtsphase	Unterrichtsverlauf
10'	*Pre-learning activities*	Spiel: Scharade zur Wiederholung der Adjektive *big – small, fast – slow, strong – weak*
		Einstimmung auf das Thema *Jungle* durch Urwaldgeräusche: L: *Listen. Guess where we are …* S: *In the jungle.* L: *Today, we're going on a trip to the jungle. We're going to meet some animals there. Do you know which animals live in the jungle?*
20'	*While-learning activities*	Einführung der neuen Wörter mit typischen Bewegungen und unterstützt durch Bildkarten
		Festigen der Bedeutung und Aussprache der neuen Wörter im Rahmen der TPR-Geschichte *Wild animals*
		Einführung des Schriftbildes mittels Wortkarten / Zuordnung von Wort- und Bildkarte
15'	*Post-learning activities*	Tiere-Raten: *Which animal is it?* L / S: *My animal is big and grey …* *Wordsnake* (KV) *Fantasy animals* (KV)
Evaluation des Lehr-/ Lernprozesses: Pantomime, Kreuzworträtsel		

5.1.2 Reflexion von Unterricht

Um seine eigenen Lehrprozesse stets verbessern zu können, ist es sinnvoll, im Anschluss an die Unterrichtsstunde zu reflektieren, wie erfolgreich diese nach eigenen Einschätzungen verlaufen ist. Dies ist nicht nur für Berufsanfänger wichtig, sondern im Sinne des *life-long-learning* ebenfalls für Lehrkräfte, die schon lange im Dienst sind.

> **Nachdenkaufgabe**
>
> Welche Aspekte determinieren Ihrer Meinung nach eine „gute" Englischstunde? Listen Sie Ihre Punkte schriftlich auf. Suchen Sie sich eine Kollegin oder einen Kollegen, die / der dieselbe Frage beantwortet. Vergleichen Sie Ihre Punkte untereinander.
>
> Gibt es Gemeinsamkeiten oder Abweichungen? Woher beziehen Sie jeweils Ihre genannten Qualitätskriterien?

Will man eine Unterrichtsstunde im Hinblick auf Inhalt, Methode und Zielorientierung überprüfen, so genügt es nicht, zu sagen „Die Stunde lief ganz gut" oder „Ich denke, den Kindern hat es Spaß gemacht." Viel-

Leitfragen zur Reflexion von Lehrprozessen

mehr sollte man den Unterricht anhand ausgewählter Leitfragen, die sich aus den Prinzipien des Fremdsprachenunterrichts in der Grundschule ergeben, auf seine Qualität hin überprüfen. Diese können beispielsweise lauten:

- Habe ich die für die Unterrichtsstunde geplanten Ziele erreicht? Wenn nicht, warum nicht?
- Bin ich von meinem Unterrichtsplan abgewichen? Wenn ja, an welchen Stellen und mit welcher Begründung?
- Hat die Zeitplanung gepasst? Wenn nicht, wofür hätte ich mehr oder weniger Zeit ansetzen müssen?
- Wie habe ich die Übergänge in der Stunde gestaltet? Liefen diese glatt oder gab es hier Brüche, die eventuell zu Unruhen geführt haben?
- Haben sich die Kinder im Unterricht in ausreichendem Maße aktiv beteiligen können?
- Wie viel haben die Kinder im Unterricht selbst gesprochen?
- Habe ich die Stunde weitestgehend einsprachig gehalten? Wenn nicht, an welchen Stellen habe ich die deutsche Sprache verwendet und wieso?
- Haben die Kinder etwas dazugelernt? Wenn ja, woher weiß ich das?
- Gab es Momente, an denen der Unterricht nicht gut lief, weil beispielsweise Unruhe herrschte oder ich als Lehrkraft nicht weiterwusste? Wenn ja, woran lag dies?
- Würde ich diese Stunde genauso noch einmal halten wollen oder würde ich etwas verändern? Wenn ja, was?

Besonders hilfreich ist es, wenn man hin und wieder die Videokamera einsetzt, um sich selbst hinterher in seiner Lehrerrolle beobachten zu können. Die oben genannten Fragen können dann beim Betrachten des Videos helfen, die eigene Lehrkompetenz zu evaluieren. Wer mutig ist, kann das Video auch von Kollegen ansehen lassen, denen dieselben Kriterien vorgelegt werden. Im Anschluss kann gemeinsam darüber beratschlagt werden, wie erfolgreich oder angemessen die Unterrichtsstunde im Hinblick auf die gesteckten Lernziele war (zum Einsatz von Videografien in der Lehrerbildung vgl. Krammer und Reusser 2005).

5.2 Storybooks – Arbeit mit authentischen Bilderbüchern und Geschichten

Kinder mögen Geschichten vor allem dann, wenn sie ihnen erzählt werden. Dann lauschen sie gespannt, sind neugierig und tauchen voll und ganz in das Geschehen ein.

Der hohe pädagogische Wert, den Geschichten und Bilderbücher im Rahmen von Erziehung und Unterricht, insbesondere aber für das (fremd-)sprachliche Lernen haben, wird in der Fachliteratur immer wieder betont (vgl. Ellis / Brewster 2008). Die folgende Auflistung zeigt, warum es sich lohnt, *stories* und *storybooks* im Englischunterricht einzusetzen:

- Geschichten und Bilderbücher transportieren ein Stück echte Kultur in das deutschsprachige Klassenzimmer.
- Geschichten motivieren Kinder zum Zuhören und verlangen das Erschließen unbekannter Wörter aus dem Gesamtzusammenhang.
- Geschichten regen die Phantasie und Vorstellungskraft der Kinder an.
- Kinder können sich mit den Charakteren in einer Geschichte identifizieren und so voll und ganz in den Handlungsverlauf eintauchen.
- Geschichten bieten einen idealen Kontext, um neues Vokabular oder ganze Satzstrukturen einzuführen oder zu wiederholen.
- Geschichten tragen dazu bei, dass Kinder Lernstrategien ausbilden können (Vermuten, Erschließen, Vorhersagen etc.).
- Geschichten bieten einen guten Ausgangspunkt für fächerübergreifendes Lernen.
- Geschichten lassen sich gut mit spielerischen, musischen und künstlerischen Aktivitäten verbinden.

Nutzen von stories und storybooks im Englischunterricht

5.2.1 Kriterien zur Auswahl von Geschichten und Bilderbüchern

Viele Lehrwerke bieten mittlerweile eine Vielzahl an Geschichten an, jedoch meist mit klar erkennbarer didaktischer Intention, d.h. sie sind speziell für den Unterricht in der Grundschule konzipiert. Dies ist nicht verwerflich, dennoch besteht ein Unterschied darin, ob man authentische Texte unverändert in den Unterricht miteinbezieht oder ob man Texte verwendet, die exakt auf das Lernniveau der Kinder zugeschnitten sind. In einigen Lehrwerken findet man tatsächlich die Originalversion authentischer Geschichten und Bilderbücher; diese werden dann mit Unterrichtsvorschlägen kombiniert und als begleitendes Buch angeboten (z.B. *Storytime*, Westermann) bzw. mit Bildkarten kombiniert, welche die Originalzeichnungen zeigen (z.B. *Sally*, Oldenbourg).

Obwohl authentische Geschichten für das fremdsprachliche Lernen äußerst empfehlenswert sind, weil sie einen Einblick in die Zielsprachenkultur erlauben und ohne Umwege „echte Sprache" ins deutsche Klassenzimmer bringen, sind nicht alle gleichermaßen geeignet. So verweist Richards (2001) darauf, dass authentisches Material für den Fremdsprachenlerner oft zu schwierig sein kann; auf der anderen Seite können gerade Bilderbücher, die für Kinder jüngeren Alters in der Zielsprachenkultur verfasst wurden, inhaltlich zu „kindisch" erscheinen (vgl. S. 66 ff.). Vor der Auswahl eines Bilderbuches sollte man sich deshalb immer folgende Fragen stellen:

Ist die Geschichte in sprachlicher Hinsicht geeignet für meine Klasse?
- Enthält sie nicht zu viel und nicht zu wenig neues Vokabular?
- Können unbekannte Wörter aus dem Kontext erschlossen werden?
- Sind die Sätze nicht zu komplex?

Enthält die Geschichte unterstützende Bilder?
- Beziehen sich die Bilder direkt auf den Text oder lenken sie eher davon ab?
- Sind die Illustrationen groß genug?
- Sprechen die Illustrationen die Kinder an?
- Sind die Zeichnungen altersangemessen?

Ist das Thema der Geschichte interessant für die Kinder?
- Können sich die Kinder mit dem Inhalt der Geschichte identifizieren?
- Stammen die angesprochenen Inhalte aus dem Lebensumfeld von Grundschulkindern bzw. entsprechen sie der Phantasiewelt von Kindern im Grundschulalter?

Welche Aktivitäten lassen sich mit der Geschichte verbinden?
- Können die Kinder beim Erzählen / Vorlesen der Geschichte aktiv miteinbezogen werden?
- Lassen sich mit der Geschichte kreative Arbeiten verbinden?
- Bietet die Geschichte einen Ausgangspunkt für fächerübergreifendes Arbeiten?

Welchen pädagogischen Wert hat die Geschichte?
- Enthält die Geschichte kulturelle Informationen?
- Gibt die Geschichte Anlass dazu, eigene Gewohnheiten / die eigene Kultur zu reflektieren?
- Sind die Werte, die in der Geschichte vermittelt werden, vereinbar mit dem, was wir den Kindern mitgeben möchten?

Ein wesentlicher Aspekt ist zudem, dass die Geschichte bzw. das Buch der Lehrkraft selbst gefallen muss. Denn nur wenn man selbst von etwas begeistert ist, kann man diese Begeisterung auch an die Kinder weitergeben.

Traditionelle, authentische Geschichten findet man mittlerweile gut sortiert im Internet. Eine detaillierte Übersicht bietet z.B. die Homepage des *British Council,* http://www.teachingenglish.org.uk oder die Website http://www.storyteller.net. Dort werden zum Teil auch vereinzelte methodische Hinweise zum Umgang mit Geschichten und Bilderbüchern aufgelistet. Ausführliche Unterrichtsvorschläge und neue Buchentdeckungen bieten einschlägige Fachzeitschriften (z.B. *Grundschulmagazin Englisch; HotSpot – das Online-Magazin für den Englischunterricht in der Grundschule*), die *Storytelling*-Handbücher von Gail Ellis und Jean Brewster (Pearson Verlag) oder das Buch des bekannten Geschichtenerzählers Andrew Wright, *Storytelling with children* (erschienen bei Oxford University Press). Eine Auflistung von Bilderbüchern finden Sie im Anhang (S. 175).

5.2.2 Methodische Ideen für das Geschichtenerzählen

Zunächst einmal muss man sich als Lehrkraft überlegen, ob man die Geschichte frei erzählen möchte oder ob man das Buch lieber vorliest. Beides hat seine Vor- und Nachteile. Wer sich an die Textvorlage hält, macht sicherlich keine inhaltlichen Fehler, man fühlt sich dadurch sicherer beim Vortrag und benötigt weniger Vorbereitungszeit. Zudem bleibt der Text unverändert beim mehrmaligen Vortragen und kann so von den Kindern nach und nach mitgelesen oder mitgesprochen werden.

Der freie Vortrag hingegen verhindert Monotonie oder ein zu schnelles Vorlesen der Geschichte. Zudem können Gestik und Mimik besser eingesetzt werden. Die Wiedergabe muss nicht wortgetreu geschehen, jedoch sollte die Abfolge der Ursprungsgeschichte erhalten bleiben;

Auswendig vortragen oder vorlesen?

spezifische Elemente, wie Reime oder relevante Kernsätze, sollten originalgetreu vorgetragen werden.

Bevor man die Geschichte der Klasse erzählt, empfiehlt es sich, dies einige Male zu Hause zu üben, vielleicht sogar vor einem Spiegel. Übung braucht man auch für das Vorlesen einer Geschichte, denn hier sollte sich der Vorleser ebenfalls hin und wieder der Klasse zuwenden können sowie Gestik und Mimik einsetzen. Und dies geht nur, wenn man den Text schon so gut kennt, dass man sich mit den Augen von diesem lösen kann.

Eine entspannte Atmosphäre schaffen

Vor dem Erzählen einer Geschichte lässt man die Kinder am besten einen Sitz- oder Stuhlkreis bilden, um eine entspannte, gemütliche Atmosphäre zu schaffen. Soll ein Bilderbuch präsentiert werden, ist es wichtig, dass alle Kinder die Bilder gut sehen können. Während des Vortrags sollte der Geschichtenerzähler seine Zuhörer immer im Auge haben, um abzuschätzen, ob etwas nicht verstanden wurde und deshalb wiederholt bzw. erklärt werden muss oder um zu entscheiden, ob er das Erzähltempo verlangsamen oder beschleunigen muss. Zudem sollte das „Publikum" immer wieder integriert werden – etwa durch das Beantworten von Zwischenfragen, durch das Herausfordern von Vermutungen etc.

Die Stimme des Erzählers sollte variieren, unterschiedliche Stimmungen und Gefühle ausdrücken und die verschiedenen Charaktere darstellen. Wichtig ist auch, dass der Erzähler ruhig sitzt oder steht – Aktion ergibt sich durch den Text sowie durch Gestik und Mimik.

5.2.3 Unterrichtsphasen und -aktivitäten beim Storytelling

Auch die Arbeit mit Geschichten lässt sich in eine vorbereitende Phase (*pre-storytelling phase*), eine Hauptphase (*while-storytelling phase*) und eine nachbereitende Phase (*post-storytelling phase*) einteilen (vgl. Ellis / Brewster 2002, Wright 1995).

In der **pre-storytelling phase** geht es darum, die Kinder auf die Geschichte einzustimmen und ihr Vorwissen zu aktivieren, notwendigen Wortschatz vorzuentlasten, einen Kontext zu schaffen sowie die Handlungsfiguren und / oder den Ort der Geschichte vorzustellen. Folgende Übungen bieten sich für diese Unterrichtsphase an (vgl. ebd.):

- *Show the cover* (Bucheinband zeigen): Die Kinder beschreiben, was sie auf dem Bucheinband sehen und stellen Vermutungen darüber an, wovon die Geschichte handeln könnte.
- *Contextualizing* (Kontextualisieren): Die Geschichte wird einem größeren Kontext zugeordnet (z.B. *Today we're making a trip to the zoo, Look at the world map – can you find Australia?* etc.).
- *Introduction of the main characters* (Vorstellen der Hauptcharaktere): Die Hauptcharaktere und ihre Beziehungen zueinander werden vorgestellt. Hilfreich sind dafür Skizzen an der Tafel.
- *Activating children's prior knowledge* (Vorwissen aktivieren): Das Hauptthema der Geschichte wird genannt (z.B. *At the zoo*) und die Kinder dürfen frei äußern, was sie bereits dazu wissen. Dies können Begriffe sein, andere Geschichten, Lieder, Erfahrungen etc. Die Informationen können in einer *mind-map* an der Tafel festgehalten werden.
- *Sorting pictures* (Bilder ordnen): Einzelne Bilder aus der Geschichte werden kopiert und den Kindern vor dem Erzählen der Geschichte vorgelegt. Einzeln oder in Gruppen dürfen die Kinder nun die Bilder so ordnen, wie sie glauben, dass sie in der Geschichte vorkommen werden. Die Kinder sollten anschließend aufgefordert werden, zu erklären, wieso sie den Verlauf in der Form angelegt haben, wie sie es getan haben, bzw. kurz den Verlauf ihrer Bildergeschichte darlegen. Dies sollte so weit wie möglich in der englischen Sprache erfolgen.

In der **while-storytelling phase** wird die Geschichte in Abschnitten oder auch im Ganzen mehrmals vorgetragen. Spätestens nach dem ersten Vortrag kann die Geschichte dann mit folgenden unterschiedlichen Aktivitäten verbunden werden (vgl. Ellis / Brewster 2002, Wright 1995):

- *Stopping and asking* (Anhalten und fragen): Während des Vorlesens oder Erzählens kann man als Lehrkraft kurz innehalten und die Kinder vermuten lassen, wie die Geschichte wohl weitergehen bzw. was als nächstes passieren wird.
- *Chorusing* (Im Chor sprechen): Schlüsselsätze oder Reime aus der Geschichte werden gemeinsam gesprochen. Dies bietet sich vor allem dann an, wenn bestimmte Sätze in einer Geschichte immer wieder vorkommen. Besonders viel Spaß macht es den Kindern, wenn sie solche Sätze in unterschiedlichen Tonlagen und in variierendem Tempo wiederholen können.

- *Jump up* (Spring hoch): Die Kinder erhalten Bild- oder Wortkarten bzw. Satzstreifen. Die Geschichte wird vorgelesen und das Kind, das sein Wort bzw. seinen Satz oder seine Szene wiedererkennt, muss aufspringen und die Karte hochhalten.
- *What's wrong?* (Was ist falsch?): Beim zweiten oder dritten Vortragen der Geschichte können Fehler eingebaut werden. Die Kinder müssen sich melden, sobald ihnen der Fehler auffällt und wenn möglich den Satz korrigieren.
- *Mime* (Pantomime): Beim Vortragen dürfen einzelne Kinder die Rollen der Protagonisten bzw. Gegenstände pantomimisch darstellen. Dies kann auch gut in Gruppen geschehen, sodass jedes Kind eingebunden ist.
- *Sorting pictures* (Bilder ordnen): Die Kinder bekommen Bilder passend zur Geschichte. Diese sind jedoch in der falschen Reihenfolge angeordnet. Die Kinder müssen nun während des Vortrags die Bilder richtig ordnen.
- *Gap filling* (Lückentexte): Die Geschichte wird als Lückentext ausgeteilt. Die Kinder setzen die fehlenden Wörter ein – entweder während eines Hörvorgangs oder im Anschluss daran.

In der post-storytelling phase geht es vor allem darum, sprachliche und inhaltliche Elemente, die durch die Geschichte eingeführt wurden, zu festigen und thematisch zu erweitern. Folgende Aktivitäten bieten sich für diese Phase besonders an (vgl. ebd.):

- *Acting out* (Nachspielen): Die Geschichte wird in Handlungsszenen eingeteilt, die die Kinder nachspielen. Die Geschichte wird erneut vorgelesen oder erzählt, entweder von der Lehrkraft oder von den Kindern selbst.
- *Evaluating the story* (Die Geschichte bewerten): Die Kinder dürfen sich dazu äußern, wie sie die Geschichte fanden, was ihnen besonders gut oder weniger gut gefallen hat, was sie lustig / traurig fanden, welche Personen sie mochten etc.
- *Draw and guess* (Zeichnen und erraten): Die Lehrkraft oder ein Kind zeichnen eine Szene der Geschichte an der Tafel nach. Die anderen Kinder müssen dazu den passenden Satz aus der Geschichte finden und sagen. Dabei muss der Satz nicht wortgetreu wiedergegeben werden, sondern vor allem inhaltlich stimmen.

- *Muddled sentences* (Verdrehte Sätze): Die Sätze einer Geschichte werden in ungeordneter Reihenfolge auf ein Arbeitsblatt oder auf Satzstreifen geschrieben. Die Kinder müssen diese richtig ordnen.
- *Minibooks* (Minibücher): Bilder aus der Geschichte können kopiert oder nachgemalt und in ein *minibook* geklebt werden (vgl. Lehrerhandbuch zu Sally 4, S. 38, Bredenbröker et al.). Die Kinder können dazu ausgewählte Textpassagen abschreiben oder alternativ ihre eigene Geschichte zum Thema gestalten und der Klasse vorstellen.
- *Role play* (Rollenspiel): Um von der Geschichte zum Rollenspiel zu gelangen, in dem die Kinder tatsächlich selbst Textpassagen auswendig sprechen, muss die Lehrkraft den Text intensiv mit den Kindern üben. In einem ersten Schritt werden die Kinder in Gruppen eingeteilt. Jede Gruppe bekommt nun eine Rolle zugeteilt (z.B. die „Hänsel-Gruppe", die „Gretel-Gruppe", die „Vater-Gruppe" etc.). Die Lehrkraft spricht dann aus den Szenen der Geschichte die Textpassagen vor, die von den Gruppen nachgesprochen werden. In einem zweiten Schritt erhalten die Kinder den Text der Geschichte als Kopiervorlage. Jede Gruppe sucht ihre Rolle und markiert diese farbig. Der Text wird gemeinsam laut gelesen. Nach und nach sollten die Kinder sich immer mehr vom Text lösen. In einem dritten Schritt werden die Gruppen neu sortiert, sodass in jeder Gruppe jede Rolle einmal vertreten ist. In diesen Gruppen wird nun die Darstellung des Stückes geübt. Die Lehrkraft gibt dabei individuelle Hilfestellungen. Die Kulisse für das Rollenspiel wird idealerweise im Kunstunterricht erstellt; im Musikunterricht lässt sich die passende musikalische Untermauerung einüben. (Für weiterführende Tipps und Anregungen zu Rollenspiel und *mini-play* siehe Grundschulmagazin Englisch, 4/2007)
- *Making a talking book* (ein „sprechendes" Bilderbuch erstellen): Die Bilder eines Storybooks lassen sich gut einscannen und in eine PowerPointpräsentation einfügen. Die einzelnen Folien können dann mit Texten ergänzt und mit Sprache unterlegt werden. Dies klingt komplizierter als es ist – eine gut verständliche Anleitung finden Sie unter http://www.youtube.com/user/NALDICvideodem. Die Kinder können selbst auf einem Diktiergerät die Geschichte lesen. Die Sound-Datei lässt sich anschließend einfach auf dem Computer speichern und in die Präsentation einfügen. Das Besondere daran ist, dass man auf einer Folie mehrere Sound-Optionen einfügen kann,

5.2.4 Beispiel für eine Unterrichtseinheit mit dem Schwerpunkt Storytelling

storytelling

Im Mittelpunkt der Unterrichtseinheit steht die Arbeit mit dem kanadischen Kinderbuch *Something good* von Robert Munsch und Michael Martchenko (erschienen bei Annick Press). Die Geschichte handelt davon, wie ein Vater mit seinen drei Kindern versucht, den wöchentlichen Einkauf in einem Supermarkt zu erledigen. Tochter Tyya (sprich /tɪdjə/) hat gänzlich andere Vorstellungen von *good things to buy* als der Vater und beschließt deshalb, selbstständig den Einkaufswagen mit *one hundred boxes of ice cream* und derselben Menge *chocolate bars* zu füllen. Zu Tyyas Leidwesen zwingt ihr Vater sie jedoch, den ganzen *sugary junk* zurückzuräumen und sich danach nicht mehr zu bewegen – *"Don't move!"*. Tyya gehorcht aufs Wort, was dazu führt, dass eine Verkäuferin sie mit einem *price tag* auszeichnet und sie zu den Puppen stellt. Als der Vater seine Tochter zum Schluss in den Einkaufswagen packt, zwingt der Kassierer ihn schließlich mit lautem Geschrei dazu, für Tyya zu bezahlen, was Tyya letztlich zum Schluss führt: *"Daddy, you finally bought something good after all."*

Lernziele der Unterrichtseinheit	
Lernziele und kommunikative Absichten	**Wortschatz**
Wesentliche Inhaltsaspekte der Geschichte *Something good* erfassen und wiedergeben können	*Tyya went shopping with her father.* *Look! Good food!* *Put it all back!* *Don't move!*
Practicing shopping situations: • Excuse me. • Can I help you? / What can I do for you? • I'd like..., please. / I'm looking for ... • Here you are.	*bread, biscuits, chocolate bars, ice cream, cheese, spinach, milk, eggs, tomatoes...*
Giving and getting information about quantities and prices: • How much is / are ...? • That's ... / It's ... • Hundreds of ... / ... of	*shop, to buy, to pay, a bottle of ..., a box of ..., a loaf of ..., cart, price tag*

UE 1: Going shopping (Wortschatzvorentlastung)

Zur Vorbereitung der Geschichte wird thematisch bereits bekannter Wortschatz (Lebensmittel, Verpackungen, Zahlen) im Rahmen eines Spiels, z.B. *Odd one out* (vgl. S. 101), wiederholt.

Die Schlüsselwörter der Geschichte werden mithilfe einer Handpuppe eingeführt, die mit einer Einkaufsliste ins Klassenzimmer kommt und vorgibt, in den Supermarkt zu wollen. Sie liest den Kindern vor, was sie kaufen möchte, ohne dass dabei bereits Gegenstände oder Bilder gezeigt werden. Die Kinder können so zunächst selbst vermuten, was die neuen Wörter bedeuten, indem sie Ähnlichkeiten zu deutschen Wörtern erkennen (*ice cream, spinach, tomatoes*) oder fremdsprachliche Erschließungsstrategien (*chocolate + bar; car → cart*) anwenden. In einem vorbereiteten „Supermarktregal" sehen die Kinder verschiedene Lebensmittel und helfen nun der Handpuppe beim Einkaufen, welche die neuen Wörter erneut spricht und erläutert: *Where is the chocolate? It's brown. I can smell it, it's sweet. Can you help me find the chocolate?*

Die Kinder packen die Sachen in den Einkaufswagen (*cart*) und üben die Aussprache der neuen Wörter im Rahmen des Spiels *Repeat if it's true* (vgl. S. 91). Zur Vertiefung und Reproduktion des Wortschatzes spielen die Kinder das Spiel *What's missing*. Nach einigen Durchgängen werden den Kindern die neuen Wörter mit Schriftbild präsentiert und gemeinsam gelesen. Das Spiel kann nun zusätzlich oder ausschließlich mit den Wortkarten gespielt werden. Dabei kann ein Bezug zum Sachunterricht hergestellt werden, indem die Kinder zusammen überlegen, ob es sich bei den einzelnen Lebensmitteln um gesundes oder ungesundes Essen / Trinken handelt. Die Wörter werden schriftlich fixiert und geübt. Abschließend schreiben die Kinder ihre eigene *shopping list*, über die sie sich mit ihren Klassenkameraden austauschen: *What have you got on your list? Have you got ice cream on your list, too?*

UE 2: Storytelling

Pre-storytelling phase

Zur Vorentlastung des Kernsatzes *Don't move*, welcher in der Geschichte vorkommt, spielen die Kinder das gleichnamige Spiel. Dazu bewegen sie sich frei im Raum. Auf Kommando der Lehrkraft (*Don't move!*) bleiben alle wie versteinert stehen. Wer sich bewegt, scheidet aus.

Anhand einer vergrößerten Illustration von Tyya mit ihrem Einkaufswagen gibt die Lehrkraft einen ersten Überblick über die Hauptcharaktere der Geschichte und die anfängliche Einkaufssituation. Die Kinder vermuten, was in der Geschichte passieren könnte, was Tyya wohl einkaufen wird etc.

While-storytelling phase
Mithilfe des Buches trägt die Lehrkraft die Geschichte vor. Dabei bezieht sie die Kinder immer wieder aktiv mit ein: *Would you like as much ice cream as Tyya? Look at Tyya's price tag, how much is she?*
Anschließend äußern sich die Kinder frei zur Geschichte. Dabei dürfen sie auf die Bilderbuchseiten zurückgreifen. Verwenden sie die deutsche Sprache, übersetzt die Lehrkraft ins Englische.
Die Kinder erhalten verkleinerte Kopien einzelner Buchseiten. Die Geschichte wird erneut vorgetragen, während die Kinder die Bilder in die richtige Reihenfolge bringen. Alternativ können große Bildkarten verteilt werden, die die Kinder hochhalten, sobald sie die passende Situation hören (*Jump up cards!*). Zusätzlich animiert die Lehrkraft die Kinder dazu, bereits einzelne Passagen in wörtlicher Rede mitzusprechen (z.B. *Don't move! Good food!*). Schließlich erhalten die Kinder kurze Abschnitte aus der Geschichte in Form von Sprechblasen auf einem Arbeitsblatt. Gemeinsam werden die Aussagen gelesen und den Bildsituationen zugeordnet.

Post-storytelling phase
Mittels der Bild-/Textvorlage versuchen die Lernenden, in Kleingruppen die Geschichte nachzuspielen. Leistungsstarke Kinder können gemeinsam mit der Lehrkraft die Rolle des Erzählers einüben. Dazu werden einzelne Sätze aus der Geschichte entnommen und zu einem kleinen Text zusammengestellt, den die Schülerinnen und Schüler zunächst mit der Lehrkraft und schließlich alleine lesen. Zum Schluss können einzelne Gruppen die Geschichte vor der Klasse nachspielen.

3. UE: Dialogue / Role Play: At Mr. Brown's Mini-Shop
Anknüpfend an Tyyas Einkaufssituation sollen die Kinder zum Schluss der Einheit selbst versuchen, eine Einkaufssituation in der Fremdsprache zu bewältigen. Die Lehrkraft zeichnet dazu das Bild eines Kindes mit Einkaufsliste an die Seitentafel. Die Kinder äußern sich frei und lesen auf der Liste, was eingekauft werden soll. An der Tafel hat die Lehrkraft Mr. Browns *Mini-Shop* skizziert, in welchem einige Lebensmittel zu sehen sind. Hiermit lenkt die Lehrkraft zum Hörtext über, den die

Kinder einmal im Ganzen hören und zu dessen Inhalt sie sich anschließend wieder frei äußern dürfen.

Hörtext: At Mr. Brown's Mini-Shop

Tim: Hello Mr. Brown.
Mr. Brown: Hello Tim. What can I do for you?
Tim: I'd like – ehm, I can't remember. I forgot my shopping list at home …
Mr. Brown: Well, maybe you can think of what was on the list?
Tim: Let's see … Yes. One carton of milk, please.
Mr. Brown: Here's the milk. Anything else?
Tim: Yes. 5 eggs and some cheese, please.
Mr. Brown: Here you are, eggs and cheese. Anything else?
Tim: Yes. A loaf of bread, 6 tomatoes and … Yes! Two boxes of ice cream, please.
Mr. Brown: Here you are, bread, tomatoes, ice cream.
Tim: How much is it?
Mr. Brown: That's 8 pounds and 50 pences, please.
Tim: Here you are. Good bye, Mr. Brown.
Mr. Brown: Bye, bye, Tim!

Alternativ kann der Text mit den Kindern gemeinsam erlesen werden. Hierzu muss die Lehrkraft die unbekannten Redemittel jedoch vorentlasten und mit der Klasse intensiv üben.

Anschließend bekommt jedes Kind Tims Einkaufsliste, auf der beim erneuten Hören / Lesen markiert wird, was richtig bzw. falsch eingekauft oder vergessen wurde.

Mithilfe einer *flow chart* (vgl. S. 61 und 93) erarbeiten die Kinder in Partnerarbeit einen eigenen Dialog. Für leistungsschwächere Schülerinnen und Schüler sollte differenzierend ein fertiger Dialog in Form von Sprechblasen in ungeordneter Reihenfolge angeboten werden, den sie in die richtige Reihenfolge bringen sollen. Die Kinder üben den Einkaufsdialog zunächst paarweise und anhand ihrer Einkaufsliste aus der ersten Unterrichtsstunde. Vor der Klasse dürfen die Kinder dann freiwillig, mit bereitgestellten Requisiten, eine Einkaufssituation frei oder unter Verwendung ihres Arbeitsblattes nachspielen.

5.3 Songs, Chants und Rhymes

Im ganzheitlich ausgerichteten Fremdsprachenunterricht der Grundschule kommt spielerisch-musischen Elementen eine tragende Rolle zu. Durch den Einsatz von (authentischen) Liedern und Reimen werden die Kinder auf verschiedenen Sinnesebenen angesprochen. Durch die Rhythmisierung der Sprache und durch viele Wiederholungen im Text prägen sich Aussprache und Texte der *songs* und *rhymes* besonders gut ein. In den sogenannten *action songs* wie z.B. *Head and shoulders* (vgl. S. 80) oder *action rhymes* wie *Ten red apples* werden Text und Bewegung miteinander verknüpft, was insbesondere den kinästhetischen Lernertypen zugute kommt, aber auch den anderen Kindern das Einprägen erleichtert. Authentische Lieder transportieren zudem ein Stück echte Kultur in das fremdsprachige Klassenzimmer und sprechen die Kinder emotional an.

action songs und *action rhymes*

Lieder und Reime können je nach Einsatz unterschiedliche Funktionen im Unterricht erfüllen. So können sie am Anfang der Stunde zur Wiederholung des Wortschatzes oder einfach als Einstimmung auf den Englischunterricht genutzt werden. Im weiteren Unterrichtsverlauf (2. Stundenhälfte) können Lieder müde Geister wecken. Am Ende der Stunde kann ein Lied oder Reim den Unterricht abschließen oder die neu eingeführten Begriffe festigen und weiterführen.

Da nicht alle Kinder gerne singen, bietet es sich an, auch auf *chants* und *raps*, also Sprechgesänge, zurückzugreifen, die kein großes melodisches Können erfordern.

5.3.1 Strukturierung von Unterrichtsstunden mit dem Schwerpunkt Song, Chant, Rap oder Rhyme

Kinder erfassen den Text und die Melodie eines Liedes häufig schnell und sind rasch in der Lage, dieses mitzusingen. Fragt man sie allerdings, worum es inhaltlich geht, so können sie darüber oft keine Auskunft geben (vgl. Wortmann 2004, S. 4). Dies ist sehr schade, denn auch wenn durch das Mitsingen immerhin die Aussprache und Intonation geübt wird, so eignen sich Lieder und Reime vor allen Dingen dafür, den Wortschatz kontexteingebettet auszuweiten.

Die Einführung eines *songs*, *chants* oder *raps* bedarf einer genauen methodischen Planung, denn die Art und Weise, wie ein Lied an die Kinder herangetragen wird, ist entscheidend für den sich daraus entwickelnden Lernprozess (vgl. ebd.). Dabei kann die Vorgehensweise je nach Schwerpunktsetzung variieren. So kann sowohl mit der Einführung des Textes als auch mit der Arbeit an der Melodie oder am Rhythmus begonnen werden. Die folgende Strukturierung verweist deshalb auf unterschiedliche Möglichkeiten innerhalb der einzelnen Phasen, einen *song*, einen *chant* oder einen *rap* einzuführen.

Introduction
In der Einführungsphase wird ein situativer Rahmen zum Thema des Liedes geschaffen. Die für das Verständnis notwendigen *key words* werden spielerisch vorentlastet.

Presentation of the song
In dieser Phase hören die Kinder das Lied, das von der Lehrkraft vorgesungen oder von der CD gespielt wird, je nach Länge im Ganzen oder strophenweise. Dabei sollten Bilder oder Bewegungen zur Unterstützung des Verständnisses eingesetzt werden.
Je nach Komplexität des Liedes kann an dieser Stelle alternativ auch zuerst nur der Text vorgetragen und im Anschluss daran die Melodie mit den Kindern erarbeitet werden oder umgekehrt.

Gross comprehension
In dieser Phase sollen die Kinder zeigen, dass sie den Text des Liedes inhaltlich durchdrungen haben und wissen, worum es geht. Dies kann durch das Ausführen einer passenden Bewegung, das Hochhalten von Bildern oder das Deuten auf Gegenstände geschehen. Auch können die Kinder den Inhalt verbal auf Englisch oder Deutsch kurz zusammenfassen oder pantomimisch darstellen.

Singing the song
Durch vielfaches Vor- und Nachsprechen der einzelnen Passagen des *songs*, *chants* oder *raps* stellt die Lehrkraft sicher, dass die Kinder sich die korrekte Aussprache aneignen, die Bedeutung des Textes erfassen und diesen nach und nach auswendig lernen.
Der Text kann laut, leise, schnell, langsam, hoch oder tief gesprochen werden. Dabei können Bewegungen und/oder rhythmische Aktivitäten wie Klatschen oder Stampfen hinzugezogen werden. Wurde der Text häufig genug gesprochen, kann die Lehrkraft unterstützend das Schriftbild anbieten, das gemeinsam gelesen wird.

Die Melodie wird separat durch Mitsummen und Nachsingen geübt. Dies kann vor dem Üben des Textes oder danach geschehen. Erst wenn beide Teile gefestigt sind, sollte das Lied als Ganzes gesungen werden.

Practice phase
Im Anschluss an das Einüben des Liedes können Lückentexte verteilt werden, in welche die Kinder einzelne Passagen des Textes eintragen müssen. Ebenso können passende Bilder zu den Strophen geordnet oder ungeordnete Textteile in die richtige Reihenfolge gebracht werden. All diese Übungen sollen dazu beitragen, dass sich die Kinder mit dem Text weiter auseinandersetzen, diesen auswendig lernen und inhaltlich verstehen.
Auf kreativer Ebene können *songs* und *raps* gut tänzerisch umgesetzt oder mit Instrumenten begleitet werden.

Beispiel für eine Unterrichtsstunde mit dem Schwerpunkt song:

Walking through the jungle

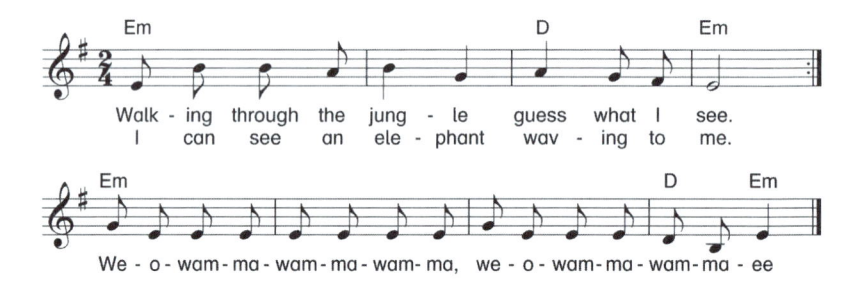

1. Walking through the jungle, guess what I see?
   I can see an elephant waving to me.
   Weo-wamma-wamma-wamma, weo-wamma-wamma-ee. (2x)

2. Walking through the jungle, guess what I see?
   I can see a tall giraffe looking down at me.
   Weo-wamma-wamma-wamma, weo-wamma-wamma-ee ….

3. Walking through the jungle, guess what I see?
   I can see a hippo yawning ooh – aah – eeh.
   Weo-wamma-wamma-wamma, weo-wamma-wamma-ee …

*4. Walking through the jungle, guess what I see?
   I can see a zebra running fast to me.
   Weo-wamma-wamma-wamma, weo-wamma-wamma-ee ...*

*5. Walking through the jungle, guess what I see?
   I can see a monkey climbing in a tree.
   Weo-wamma-wamma-wamma, weo-wamma-wamma-ee ...*

(Text / Melodie: Daniela Elsner; aus: Sally 4 D / E Lehrermaterialien, S. 158)

Introduction
Game: Who's in the jungle?
Nach dem Prinzip „Ich packe meinen Koffer" nennen die Kinder Tiere, die im Dschungel leben:
Kind 1: *In the jungle, there is an elephant.*
Kind 2: *In the jungle, there is an elephant and a zebra ...*

Presentation of the song
Die Kinder werden auf eine Reise in den Dschungel eingeladen. An der Tafel hängen Bildkarten der Dschungeltiere. Die Lehrkraft spielt das Lied einmal im Ganzen vor und führt dazu passende Bewegungen aus.

Gross comprehension
Die Kinder äußern sich frei zum Text und hören das Lied erneut. Im Anschluss daran ordnen sie die Bildkarten an der Tafel in der richtigen Reihenfolge.
In dieser Phase erarbeiten die Kinder auch, was die Tiere im Lied machen. Dazu kann die Lehrkraft das Lied erneut strophenweise vorspielen. Die Kinder führen zu jedem Tier die passende Bewegung aus und benennen die Tätigkeit:
The elephant is waving.
The hippo is yawning.
...

Singing the song
Jetzt wird der Text mit den Kindern gemeinsam strophenweise gesprochen und mit passenden Bewegungen begleitet. Die Kinder können dabei im Kreis schleichen. Durch Klatschen der Lehrkraft wird der Rhythmus vorgegeben und geübt.

Ist der Text gefestigt, kann die Melodie des Liedes durch Nachsummen geübt werden. Der Refrain *Weo-wamma-wamma …* wird durch Klatschen und Stampfen begleitet.
Schließlich kann das Lied erneut im Ganzen von der CD gehört werden, während die Kinder mitsingen.

Practice phase
Die Kinder können passend zum Lied selbst eine Strophe dichten oder Tiere und Aktivitäten pantomimisch darstellen, die von der Klasse erraten werden müssen.

Tipps zum Umgang mit Reimen

Da in den ersten beiden Jahrgangsstufen das Schriftbild bislang in den meisten Bundesländern ausgespart wird, profitieren die Kinder gerade in dieser Phase von traditionellen Kinderreimen und Fingerspielen, da diese sich leicht merken lassen und mit eindeutigen Bewegungen kombiniert werden können.

Im Internet findet man zahlreiche authentische Kinderreime (*nursery rhymes*), Zungenbrecher (*tongue twisters*) und Abzählverse (*counting rhymes*) zu sämtlichen im Englischunterricht in der Grundschule relevanten Themen.

Die Einführung eines Reimes ähnelt der eines Liedes. Insbesondere in der Übungsphase ist es sinnvoll, kleine Zeichnungen oder Bewegungen zu jeder Strophe anzubieten, die den Kindern als Merkhilfe dienen. Wird der Text gemeinsam mit den Kindern gelesen, kann dieser beim Auswendiglernen nach und nach durch die Illustrationen oder Bewegungen ersetzt werden.

Beim Aneignen eines längeren Reimes empfiehlt sich die Anwendung der Abdeckmethode. Hier wird der zu lernende Text mit einem Blatt von rechts nach links Schritt für Schritt zugedeckt, sodass am Ende nur noch die ersten Wörter oder Buchstaben einer Zeile zu sehen sind und die Kinder den Reim aus dem Gedächtnis rezitieren müssen. Eine weitere Möglichkeit zum Auswendiglernen stellt die „Konfettimethode" dar. Hier wird der Reim auf der OHP-Folie angeboten und gemeinsam erlesen. Nach und nach wird immer mehr Konfetti auf die Folie gestreut und der Reim so oft gesprochen, bis die Kinder ihn auswendig können und er ganz durch das Konfetti verdeckt ist.

Verse, die an die Tafel geschrieben werden, können in unsystematischer Reihenfolge sukzessive beim Auswendiglernen abgewischt werden, sodass immer weniger Text zu lesen ist, während der Reim wiederholt gesprochen wird.

Beispiele für traditionelle Reime und Fingerspiele

Family rhyme (traditional fingerplay):
This is Mummy, kind and dear.   (Daumen hochhalten)
This is Daddy, standing near.   (Zeigefinger zum Daumen neigen)
This is Brother, see how tall.   (Mittelfinger dazu)
This is Sister, not so tall.   (Ringfinger dazu)
This is Baby, sweet and small.   (kleiner Finger)
This is the family all.   (alle Finger bewegen)

Pussycat (traditional rhyme):
Pussycat, pussycat,
where have you been?
I've been to London,
to see the Queen.
Pussycat, pussycat,
what did you there?
I frightened a little mouse
under the chair.

5.4 Lernspiele

Der Fremdsprachenunterricht in der Grundschule ist kindgemäß, handlungsorientiert und kreativ. Er soll das Kind ganzheitlich fördern und fordern und es durch spielerisches Lernen an die Fremdsprache heranführen. Spielerisches Lernen ist ein wichtiger Faktor im Kontext kindlicher Lern- und Entwicklungsprozesse. Spielen erlaubt ein „So-tun-als-ob", man kann seine eigene Leistungsfähigkeit testen und sich mit anderen messen, man lernt das Verlieren ebenso kennen wie das Gewinnen (vgl. Weskamp 2003).

5.4.1 Funktionen von Sprach- und Bewegungsspielen im fremdsprachlichen Lernprozess

Spiele können praktisch in allen Unterrichtsphasen eingesetzt werden. Im Kontext fremdsprachlicher Lernprozesse kann ein Spiel – je nach

Funktionen des Spiels — Art – mehrere Funktionen erfüllen (vgl. Haunss 2003, S. 10 ff.), je nachdem, ob

- es dem Einstieg in das Stundenthema dient oder ob auf diese Weise Wörter, die im Stundenverlauf relevant werden, vorentlastet bzw. wiederholt werden sollen,
- damit neu erlernte Wörter und Redemittel gefestigt werden sollen,
- es der Ablenkung, Auflockerung oder Entspannung dient.

Die Prüfung dieser Kriterien lässt erkennen, für welche Phase des Unterrichts das Spiel geeignet erscheint und ob damit eher sprachliche oder pädagogische Ziele verbunden sind.

Mündliche Sprachspiele — Mündliche Sprachspiele werden im Fremdsprachenunterricht vor allem dazu eingesetzt, Redemittel einzuführen, zu festigen oder zu wiederholen sowie das Hörverstehen und das Sprechen zu trainieren. Der Schwerpunkt des Spiels kann dabei auf der sprachlichen Interaktion mit anderen liegen, wie z.B. im Spiel *What's on my back?* (vgl. S. 57), auf der Sprachaufnahme (*language intake*), wie z.B. im Spiel *Snap!*, oder der *Output*orientierung (der Sprachproduktion), wie z.B. im Spiel *I pack my bag*, oder das Erkennen von sprachlichen Regelmäßigkeiten üben, wie z.B. bei *Odd one out* (vgl. S. 101).

Beispiel: Mündliche Sprachspiele

What's on my back?
Ein Kind steht vor der Klasse. Ihm wird eine Wort- oder Bildkarte zu einem vorgegebenen Themenfeld (etwa *pets*, *fruit* etc.) an den Rücken geheftet. Nun beginnt das Kind, durch Fragen an die Klasse herauszufinden, um welchen Begriff es sich handelt.
Kind: *Is it a pet? Is it small? Is it grey?...*
Die Klasse antwortet mit *Yes it is ....* bzw. *No, it isn't ...*, bis das Kind erraten hat, was auf seinem Rücken zu sehen ist.

Snap!
Die Kinder sitzen in Gruppen am Tisch, die Hände sind hinter dem Kopf verschränkt. In der Mitte des Tisches liegen Bild- oder Wortkarten. Die Lehrkraft sagt ein Wort und die Kinder schnappen sich so schnell wie möglich die passende Karte. Wer zum Schluss die meisten Karten hat, hat das Spiel gewonnen.

Bewegungsspiele hingegen haben eher eine Art „Ventilfunktion" und berücksichtigen den natürlichen Bewegungsdrang des Grundschulkindes bei gleichzeitiger Übung der Fremdsprache, wie z.B. im Spiel *Simon says*. Sie können sehr gut zwischendurch zur Auflockerung eingesetzt werden, aber auch am Anfang einer Stunde, um müde Geister zu wecken. Außerdem bieten sich diese Spiele meist für die rezeptive Aufnahme bei der Erarbeitung des neuen Wortschatzes an.

Bewegungsspiele und traditionelle Spiele

Beispiel: Bewegungsspiel: Simon says

Bei diesem TPR-Spiel gibt der Spielleiter Anweisungen, wie z.B. *Clap your hands!* Die Kinder dürfen die Anweisung nur dann befolgen, wenn vorher *Simon says ...* gesagt wurde, ansonsten müssen sie still stehen.

Traditionelle, authentische Spiele, wie z.B. *skipping games* (Hüpfspiele) oder *board games* (Brettspiele wie z.B. *Snakes and ladders*), leisten darüber hinaus einen Beitrag zum landeskundlichen und interkulturellen Lernen.

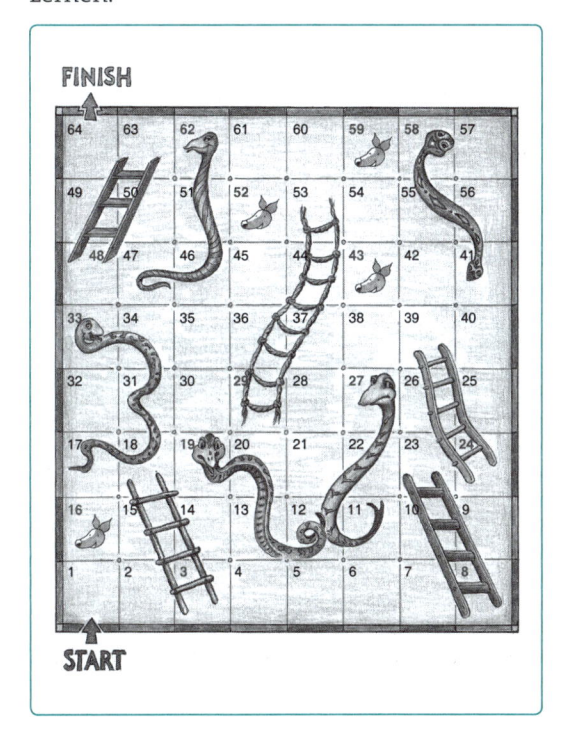

Abb. 19: Spielplan "Snakes and ladders" (aus: Sally D 3 Schülerbuch, S. 10)

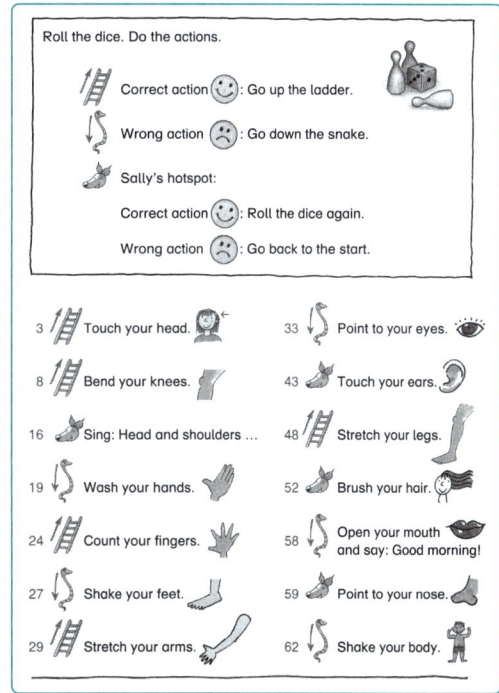

Abb. 20: Spielregeln zu "Snakes and ladders" (aus: Sally D 3 Schülerbuch, S. 11)

Spielziel und Lernziel unterscheiden sich oft

Das Besondere an Sprachspielen ist, dass man quasi „nebenbei" lernt, denn während die Aufmerksamkeit der Teilnehmer auf das Spielziel konzentriert ist, ist das unterrichtlich verfolgte Lernziel meist ein ganz anderes. So üben die Kinder in sprachlicher Hinsicht das Formulieren von Fragen beim Spiel Montagsmaler (*Is it a cat?*), ohne sich dessen vielleicht bewusst zu sein – Ziel des Spiels hingegen ist es, so schnell wie möglich herauszufinden, was der Mitschüler an die Tafel zeichnet. Im Kreuzworträtsel wollen die Kinder vor allem das Lösungswort finden, sie verfolgen dabei weniger das eigentliche Lernziel – neuen Wortschatz zu üben. Im Spiel ist sprachliche Übung lediglich Mittel zum Zweck und nicht purer Selbstzweck, wie in vielen anderen sprachlichen Übungen (vgl. Klippel 2000, S. 129), und genau das ist für die Kinder so motivierend. Diese Trennung von Spielziel und Lernziel ermöglicht es schließlich auch, dasselbe Spiel für verschiedene Lernziele einzusetzen, indem man seine Form abwandelt (z.B. *Memory* für das Erlernen von Tieren, Körperteilen oder Spielsachen).

5.4.2 Tipps zum Umgang mit Spielen

Für Kinder ist es wichtig, dass sie eine reelle Chance haben, ein Spiel zu gewinnen. Damit diese Chance für alle Beteiligten besteht, muss insbesondere bei Sprachspielen ein ausgewogenes Verhältnis zwischen Können und Zufall bestehen. Spiele, bei denen man nur durch Wissen und ganz ohne Glück gewinnen kann, wirken vor allem für lernschwächere Kinder demotivierend. Darauf sollte die Lehrkraft dringend achten, wenn sie sich für ein Spiel entscheidet. Zudem sollte man folgende praktischen Regeln berücksichtigen (vgl. Klippel 2000, S. 131):

Regeln für das Spielen im Fremdsprachenunterricht
– Wählen Sie Spiele aus, die dem fremdsprachlichen Können der Kinder angemessen sind. – Erklären Sie die Spielregeln klar und deutlich, in einfachen aber anschaulichen Sätzen, möglichst in englischer Sprache. – Verwenden Sie Illustrationen oder Zeichnungen, um die Spielregeln zu erklären. – Machen Sie gemeinsam einen Probedurchgang bei komplexeren Spielen. – Ändern Sie gegebenenfalls vorliegende Spielregeln für die Bedürfnisse und Gegebenheiten Ihrer Klasse ab. – Überlegen Sie sich abwechslungsreiche Verfahren für Gruppeneinteilung (*all blond pupils, all boys with red socks* etc.) und Punktewertung (Galgenmännchen, eine Treppe, ein Fußballfeld mit Linien etc.).

Die Lehrkraft nimmt in der Regel die Rolle des Spielleiters ein, der das benötigte Material vorbereitet, das Spiel einleitet, dessen Ablauf überwacht und für die Einhaltung der Spielregeln sorgt.

Buchtipp:
Eine große Auswahl an Spielen, mit den dazugehörigen Spielanweisungen auf Englisch, bietet das Buch von Gordon Lewis und Günther Bedson (1999), *Games for children*, erschienen bei Oxford University Press.

5.5 Offene Unterrichtsformen

Jeder Unterricht sollte möglichst vielfältige Methoden integrieren. Neben dem spielerischen und musischen Lernen sowie dem Lernen anhand von Geschichten, Dialogen und Rollenspielen, sollte im Fremdsprachenunterricht auch das freie Arbeiten mit Wochen- oder Tagesplänen, das Lernen an Stationen und das Arbeiten in kleineren Projekten eingebunden werden.

Der Vorteil solcher offenen Unterrichtsformen liegt für die Lehrkraft vor allen Dingen darin, dass sie sich als *"input provider"* (also derjenige, der die Sprache liefert) zurücknehmen und die Kinder stattdessen beobachten kann. Je nach Bedarf kann sie sich den schwächeren und auch den leistungsstarken Kindern widmen und diese individuell fördern.

Für die Kinder bedeutet Freiarbeit, dass sie in ihrem eigenen Tempo arbeiten und individuell bestimmen können, welche Aufgaben sie sofort und welche sie vielleicht erst später oder auch gar nicht lösen möchten. Offene Unterrichtssituationen bieten also eine gute Möglichkeit, differenzierend zu arbeiten.

Obwohl Freiarbeit für die Lehrkraft immer mit einem gewissen Vorbereitungsaufwand verbunden ist, zahlt sich dieser auf Dauer aus. Zum einen können viele der angefertigten Materialien häufiger verwendet werden (z.B. Bingo-Vorlagen, Wort- und Bildkarten etc.), zum anderen bleibt der Lehrkraft im Unterricht selbst mehr Freiraum, um notwendige Schülerbeobachtungen und die Überprüfung der mündlichen Leistungsfähigkeit von Schülerinnen und Schülern durchzuführen.

Rolle der Lehrkraft

5.5.1 Lernen an Stationen

Das Lernen an Stationen wird häufig auch als Lernzirkel oder Stationenlauf bezeichnet (vgl. Waschk 2004). Gemeint ist das Üben und Arbeiten an unterschiedlichen Lernstationen, die meist in individuell wählbarer Reihenfolge von den Kindern besucht werden können. Dabei kann es unterschiedlich viele Wahl- und Pflichtstationen geben. An den Stationen selbst, die häufig thematisch verbunden sind, arbeiten die Kinder selbstständig und in unterschiedlichen Sozialformen – mal alleine, mal in Gruppen oder mit dem Partner. Für den Sprachunterricht bieten sich zahlreiche Möglichkeiten an, wie z.B. das Ausfüllen von Kreuzworträtseln, das Lesen kurzer Texte, zu denen kleinere Fragen beantwortet werden müssen, Spiele wie Memory, Bingo oder Brettspiele, das Anhören eines Textes von der CD, zu dessen Inhalt Fragen schriftlich beantwortet oder Bilder geordnet werden müssen, das Malen nach einem Hördiktat, das Ergänzen von Lückentexten, das Zuordnen von Bild- und Wortkarten, das Beschriften oder Beschreiben von Gegenständen und Bildsituationen, das Finden und Auflisten von Gemeinsamkeiten und Unterschieden in Bildern, das Erstellen eines *minibooks*, das Schreiben einfacher, kleiner Texte (Gedichte, Postkarten, Einladungen etc.) oder das Anfertigen von Bastelarbeiten nach einer einfachen Arbeitsanweisung.

Übungen für das Stationentraining

Gerade im Fremdsprachenunterricht ist es wichtig, dass bei der Einführung dieser Arbeitsweise die Lehrkraft alle Stationen mit den Kindern gemeinsam einmal abläuft und genau erklärt, was zu tun ist. Es ist auch ratsam, den Kindern einen Laufzettel auszuteilen, auf dem sie eintragen können, welche Stationen sie besucht haben und ob sie die dort zu bearbeitende Aufgabe erfolgreich lösen konnten oder Schwierigkeiten dabei hatten.

Beispiel für einen Laufzettel zum Stationenlernen

Name: Date:		Topic:		
I have done station	together with	too easy	okay	too difficult
1				
2				
3				
I liked station number _____ best.				

Wochen- und Tagesplanarbeit

Das Arbeiten mit Wochen- oder Tagesplänen ähnelt dem Lernen an Stationen sehr, denn auch hier widmen sich die Kinder im eigenen Tempo selbst gewählten Aufgaben. Jedoch sind diese nicht wie beim Stationenlauf zeitlich begrenzt auf ein bis zwei Stunden, sondern können von den Kindern an einem Tag oder innerhalb einer Woche bearbeitet werden. Während sich das Stationentraining meist auf unterschiedliche Aufgaben zu einem Thema und auf ein Unterrichtsfach beschränkt, können die Aufgaben beim Wochen- oder Tagesplan unterschiedliche Themen aus verschiedenen Fächern behandeln. Aus fremdsprachendidaktischer Perspektive eignet sich der Einsatz von Wochenplänen insbesondere für die Arbeit an einem *storybook*, das über mehrere Unterrichtsstunden (nicht nur) im Fach Englisch Inhalt oder Ausgangspunkt sein kann. Die Wochenplanarbeit eröffnet hier die Möglichkeit, das *storybook* intensiver und, vor allem in fachlicher Hinsicht, multiperspektivisch zu durchdringen.

Projektarbeit

Bei der Projektarbeit handelt es sich um eine offene und themenbezogene Unterrichtsform, die sich durch ein hohes Maß an Lernerorientierung auszeichnet (vgl. Legutke 2003). Die Ursprünge der Projektmethode liegen einerseits im amerikanischen Pragmatismus, genauer im pädagogischen Leitgedanken *"learning by doing"* von John Dewey (1859-1952). Andererseits ist das freie und erfahrungsbasierte Lernen auch in den Grundgedanken der Reformpädagogen, wie z.B. bei Célèstine Freinet, zu finden.

Dass Projektarbeit zu äußerst positiven Lernerergebnissen führen kann, muss nicht mehr in Frage gestellt werden. Dennoch lässt sich den hohen Anforderungen, die ein gut durchdachtes Projekt in zeitlicher und organisatorischer Hinsicht an Lehrkraft und Kinder stellt, im Unterrichtsalltag nicht immer leicht gerecht werden.

Ein Projekt durchläuft immer mehrere Phasen. Am Anfang steht die Projektidee, die gemeinsam mit den Kindern in inhaltlicher und thematischer Hinsicht spezifiziert wird. In einer zweiten Phase wird der Projektplan (Zeitmanagement, Arbeits- und Gruppeneinteilung, Materialbeschaffung etc.) erstellt. In einem dritten Schritt erfolgt dann in den einzelnen Gruppen oder Projektteams die Erarbeitung und Durchführung der vorab geplanten Aufgaben. In einer letzten Phase werden

Phasen der Projektarbeit

die Ergebnisse der Gruppenarbeiten vorgestellt, zusammengetragen und evaluiert (vgl. Legutke 2003).

Im Rahmen des Fremdsprachenunterrichts lassen sich folgende Grundtypen des Projektlernens unterscheiden (ebd.):

PROJEKTTYPEN IM FREMDSPRACHENUNTERRICHT

Textprojekte
Bei diesen Projekten steht die handlungsorientierte Auseinandersetzung mit Texten im Mittelpunkt. Sach- und literarische Texte werden von den Kindern ausgewertet, interpretiert und diskutiert und münden in einer eigenen Textproduktion. So kann beispielsweise in der Grundschule ein fremdsprachliches Bilderbuch in ein Theaterstück umgewandelt werden.

Rechercheprojekte
Bei Rechercheprojekten nutzen die Lerner ihnen zur Verfügung stehende Informationsquellen (z.B. Internet, Broschüren, Lexika, Bücher, Zeitschriften etc.), um sich mit einem Thema auseinanderzusetzen. Anschließend erstellen sie zu selbst gewählten Aspekten eine Zusammenschau des Themas in Form von Posterpräsentationen o. Ä.: So können die Kinder beispielsweise zum Thema *wild animals* das Leben der Tiere in Afrika erforschen oder im Kontext von *Thanksgiving* Informationen rund um das Leben der Indianer herausarbeiten.

Begegnungs- und Korrespondenzprojekte
Sowohl im Begegnungs- als auch im Korrespondenzprojekt steht die Kommunikation mit *native speakers* im Mittelpunkt. Während im Begegnungsprojekt jedoch der direkte persönliche Kontakt (z.B. am Flughafen oder an einer Partnerschule) im Zentrum steht, werden beim Korrespondenzprojekt Brieffreundschaften oder E-Mail-Partnerschaften initiiert.

Die im Fremdsprachenunterricht der Grundschule durchgeführten Projekte sollten zeitlich überschaubar sein und die Kinder sprachlich nicht überfordern. Dennoch ist es wichtig, die Kinder in allen Phasen des Projektes dazu zu motivieren, die englische Sprache als Arbeitssprache zu verwenden. Damit die Schülerinnen und Schüler dies leisten können, sollten bereits vor dem Projekt notwendige Redemittel geübt sowie erforderliche Fertigkeiten trainiert werden.

5.6 Sprache und Sache verknüpfen – Content and Language Integrated Learning (CLIL)

Die Abkürzung *CLIL* wurde 2006 von der europäischen Kommission geprägt und steht für *Content and Language Integrated Learning*. *CLIL* als Oberbegriff kennzeichnet inhaltsbezogenes Sprachenlernen und umfasst jede Art von bilingualer Unterrichtsangebote (vgl. Elsner 2009 b). Während der bilinguale Unterricht an vielen Gymnasien und mittlerweile auch Realschulen in Deutschland immer populärer wird, findet man diese Form zweisprachiger Lernangebote bislang nur an wenigen Grundschulen in Deutschland – allerdings mit steigender Tendenz (vgl. www.fmks-online.de). Dort wird jedoch das bilinguale Lernen sehr unterschiedlich umgesetzt. So orientieren sich einige Schulen am kanadischen Vorbild der „frühen Immersion" (*to immerse* = eintauchen), wie z.B. die Claus-Rixen-Schule in Kiel-Altenholz. Hier werden alle Fächer, bis auf Deutsch, vom ersten Schultag an in der Fremdsprache gelehrt (*full immersion*; vgl. Burmeister 2006). Andere Schulen verfolgen eher ein „paritätisches Modell" (*partial immersion*; Schlemminger 2007, S. 45): Die Hälfte der Fächer wird in Deutsch unterrichtet, die andere Hälfte in der Fremdsprache. An einigen Regelschulen findet das fremdsprachige Lernen im Rahmen bilingualer Unterrichtsmodule statt, d.h. ausgewählte Themenbereiche werden über einige Wochen hinweg in unterschiedlichen Fächern fremdsprachig durchgeführt (vgl. Ministerium für Schule, Wissenschaft und Forschung in NRW 2001).

5.6.1 Vorteile bilingualen Lernens

Dass Kinder, die an bilingualen Unterrichtsprogrammen teilnehmen, eine deutlich höhere Kompetenz in der Fremdsprache entwickeln als Kinder, die nur am regulären Fremdsprachenunterricht teilnehmen, konnten diverse Studien bereits nachweisen (vgl. Piske 2007 a). Auch zeigte sich, dass sich der bilinguale Unterricht nicht, wie häufig befürchtet, nachteilig auf die Entwicklung der Muttersprache oder auf das Verständnis im Sachfach auswirkt (vgl. Schlemminger 2006; Zaunbauer und Möller 2007). Im Gegenteil: Bilinguales Lernen hat nicht nur einen positiven Effekt in Bezug auf die muttersprachliche und fremdsprachliche Entwicklung, sondern auch auf kognitive Fähigkeiten wie Konzentration, Aufmerksamkeit, Kreativität oder das divergente Denken (vgl. Piske 2007 b).

Die Vorteile des bilingualen Lernens lassen sich in Anlehnung an Wolff (2008) wie folgt zusammenfassen:

- Bilinguales Lernen ermöglicht einen intensiven Kontakt mit der Zielsprache und bietet den Kindern somit mehr Gelegenheit zum Umgang mit der Fremdsprache.
- Da im Unterricht nicht sprachliche, sondern sachfachliche Inhalte thematisiert werden und die Kinder problemlösend vorgehen, bieten die Unterrichtssituationen ein Höchstmaß an Authentizität.
- Die sachfachlichen Aufgabenstellungen erfordern und ermöglichen den verstärkten Einsatz von Gruppenarbeit und fördern somit das Sozialverhalten der Kinder.
- Lern- und Arbeitstechniken werden im bilingualen Unterricht verstärkt thematisiert und offengelegt.
- Die wissenschaftlichen Inhalte des Sachfaches werden von den Kindern in beiden Sprachen und somit intensiver verarbeitet.

5.6.2 Sprache und Sache verknüpfen – aber wie?

Die Bildungsstandards für die Grundschule in Baden-Württemberg fordern Lehrkräfte explizit dazu auf, das bilinguale Lernen und Lehren so häufig wie möglich im regulären Unterrichtsalltag umzusetzen: *„Die Einbettung der Zielsprache [Englisch, Anm. D.E.] in Sachfächer als Beitrag zum bilingualen Lehren und Lernen ist [...] wann immer möglich anzustreben."* (Ministerium für Kultus, Jugend und Sport Baden-Württemberg 2004)

In den anderen Bundesländern steht eine solche Empfehlung bislang zwar noch aus, jedoch schreiben die curricularen Verlautbarungen das fächerübergreifende und fächerverbindende Lernen vor – hierzu gehört entsprechend auch die Verknüpfung von Sachfach und Fremdsprache. So stellt sich für viele Lehrkräfte die Frage, wie sich ein solcher Unterricht konkret gestalten lässt. Petra Burmeister (2007) betont in diesem Kontext, dass die Voraussetzung für einen erfolgreichen fremdsprachlichen Sachfachunterricht vor allem in der konsequenten Umsetzung fremdsprachendidaktischer Prinzipien, wie Einsprachigkeit, Handlungs-, Aufgaben- und Prozessorientierung sowie in der Berücksichtigung der pädagogischen Prinzipien Ganzheitlichkeit und Anschaulichkeit liegt. Zudem bedarf es für das bilinguale Lernen eines reichhaltigen fremdsprachlichen Inputs, der sich nicht an der grammatischen Progression des im Englischunterricht benutzen Lehrwerkes,

Prinzipien des bilingualen Lernens in der Grundschule

sondern an den jeweiligen sachfachlichen Anforderungen orientiert. Unter Sachfach werden in diesem Zusammenhang alle Fächer mit Ausnahme des Sprachunterrichts verstanden (Kunst, Mathematik, Sport, Musik, Sachunterricht etc.).

Im Rahmen bilingualer Unterrichtseinheiten in der Grundschule bieten sich folgende sachfachlich-sprachliche Verknüpfungen an (vgl. Elsner 2009 b):

- Erfassen eines sachfachlichen Inhalts mithilfe eines einfachen Textes, einer Geschichte, eines Bildes oder eines Experimentes in der Fremdsprache,
- handlungsorientierte, experimentierende Auseinandersetzung mit einem wissenschaftlichen Gegenstand,
- Vermutungen und Ergebnisse zu einer Problemlösung formulieren, sofern das notwendige Vokabular dafür vorentlastet wurde.

5.6.3 Beispiele bilingualer Lerneinheiten und sachfachbezogener Aufgaben

Ein gutes Beispiel für bilinguales Lernen im Unterricht der Regelgrundschule stellt die Einheit *Fire* von Petra Burmeister und Ruth Pasternak (2007) dar: Die Kinder lernen an Stationen, wie man korrekt eine Kerze anzündet, welche Gefahren Feuer mit sich bringt, welche Gegenstände brennen und dass Feuer Sauerstoff braucht. Sie experimentieren eigenständig, lesen kurze fremdsprachliche Texte, halten ihre Ergebnisse auf Arbeitsblättern in der Fremdsprache fest und stellen ihre Ergebnisse der Klasse vor.

Ein anderes Beispiel – diesmal für den bilingualen Kunstunterricht – liefert Almut Lepschy (2007). Hier betrachten die Kinder die Kunstwerke von Franz Marc, lernen das Leben und Wirken des Künstlers in Textform kennen, gestalten dann ähnliche Bilder und präsentieren diese der Klasse.

Will man im Englischunterricht selbst sachfachliche Inhalte behandeln, z.B. weil man als Fachlehrkraft in der Klasse eingesetzt wurde, so eignen sich insbesondere Bilderbücher mit sachfachlichem Schwerpunkt. Das Buch *From tadpole to frog* von Wendy Pfeffer (erschienen bei HarperCollins) lässt sich beispielsweise mit dem Thema *nature* verbinden. Hier wird der Lebenszyklus des Frosches anschaulich über Bilder und einen gut verständlichen Text dargestellt. Nach der Erarbeitung des Inhalts kann der Lebenszyklus eines Frosches von den Kindern

Sachfachliche Bilderbücher

5 | Handlungsfelder grundschulgemäßen Fremdsprachenlernens

nachgezeichnet werden. Das Buch lässt sich sowohl im Sachunterricht als auch im Englischunterricht einsetzen.

Rezepte und Gestaltungsaufgaben

Auch das Zubereiten einfacher Speisen und Getränke nach vorgegebenen Rezepten oder das Basteln und Herstellen einfacher Gegenstände sind erste Anfänge bilingualen Lernens. Hier steht nicht die Sprache, sondern die Sache im Fokus. Trotzdem ist es wichtig, dass die Arbeitsmaterialien auf Englisch bezeichnet und vorgestellt werden; gleiches gilt auch für die jeweiligen Arbeitsschritte.

Abb. 21: Let's make some lemonade! (aus: Sally D / E 3 Lehrermaterialien, S. 122)

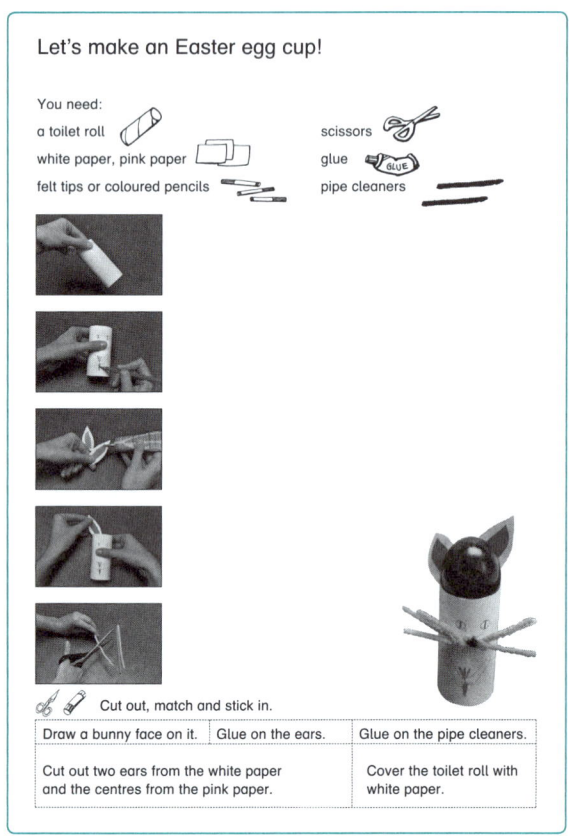

Abb. 22: Let's make an Easter egg cup! (aus: Sally D / E 3 Lehrermaterialien, S. 296)

Gut umsetzbare Ideen für das fremdsprachliche Sachfachlernen findet man darüber hinaus in der Zeitschrift *Take off* (Westermann).

5.7 Lehrwerke und Neue Medien

„Bücher werden in unseren Schulen bald überflüssig sein, denn man kann jede Art von menschlichem Wissen mit der neuen Technik lehren."
(Thomas A. Edison 1913)

Auch wenn sich dieses Zitat von Thomas Edison auf das Medium Film bezog und nicht auf den Einsatz Neuer Medien im heutigen Sinne (E-Mail, Internet und CD-ROM, vgl. Freudenstein 2003), so zeigt diese Aussage doch deutlich, dass technischer Fortschritt auch immer eine Veränderung im Kontext von Bildung und Erziehung mit sich bringt.

Doch obwohl es heutzutage kaum eine Schule gibt, die nicht über mindestens einen Computer verfügt, der auch für die Lehrkräfte und Kinder zugänglich ist, lässt sich eines festhalten: *„Weder der Film noch der Computer oder das Internet haben die Bücher aus unseren Schulen verbannt – und dies wird auch auf absehbare Zeit nicht der Fall sein."* (Grünewald 2004 a, S. 14)

Auch der fremdsprachliche Unterricht wird meist unter Verwendung eines Lehrwerkes durchgeführt (vgl. Elsner 2010). Denn das Lehrwerk bietet dem Unterrichtenden insbesondere eines – Sicherheit. Schließlich wurde das darin enthaltene Material von Fachexperten zusammengetragen. Man kann sich als Lehrkraft also darauf verlassen, dass alle Wörter und Lernbereiche, die laut Lehrplänen im Unterricht bearbeitet werden müssen, hierin zu finden sind.

Ein Lehrwerk besteht meist aus einem Schülerbuch (*pupil's book*), einem Arbeitsheft (*activity book* oder *workbook*), einer Audio-CD mit Hörtexten, Liedern und Reimen sowie den Lehrerhandreichungen (*teacher's manual*). Häufig werden darüber hinaus Bild- und Wortkarten (*picture- and wordcards*), Poster oder Handpuppen (*hand puppet*) angeboten. Viele Lehrwerke integrieren zusätzlich eine DVD / CD-ROM mit einer auf das Lehrwerk abgestimmten Lernsoftware.

Bestandteile eines Lehrwerkes

> **Nachdenkaufgabe**
>
> Welche Aspekte sind Ihnen bei einem Lehrwerk für den fremdsprachlichen Unterricht besonders wichtig?
> Worauf könnten Sie in einem Lehrwerk am wenigsten verzichten? Worauf am ehesten?

5.7.1 Die Qual der Wahl – welches Lehrwerk ist das richtige für meinen Unterricht?

Die Wahl des Lehrwerkes kann einen entscheidenden Einfluss auf die Qualität des Unterrichts, den Lernerfolg und die Motivation der Lernenden und Lehrenden haben (vgl. Nold 1998). Entsprechend wichtig ist es für jede Lehrkraft, sich vor der Anschaffung einen genauen Überblick über die aktuellen Angebote zu verschaffen und zu prüfen, ob die in den Lehrwerken vorgeschlagenen Inhalte und Methoden zum eigenen Unterrichtsstil und dem jeweiligen Lernumfeld passen. Geeignete Lehrwerke zeichnen sich vor allem durch eine sinnvolle und angemessene Progression des Wortschatzes, der Redemittel und grammatischer Strukturen aus. Wortschatz und Redemittel sollten immer in kindgemäße Kontexte eingebunden sein und in den einzelnen *Units* stets wieder aufgegriffen und wiederholt werden. Gute Lehrwerke zeigen die zu erreichenden Lernziele auf und stimmen Inhalte und Methoden so aufeinander ab, dass ein kindgemäßer und ergebnisorientierter Unterricht möglich ist. Sie weisen eine große Methodenvielfalt auf, geben zahlreiche Anlässe zum Sprechen und bieten Übungen und Informationen zu allen Teilbereichen des Fremdsprachenunterrichts an. Gute Lehrwerke enthalten authentische Geschichten, Lieder und Reime; die Sprecher auf den CDs und auf den DVDs sind vor allem englische, aber auch amerikanische, australische, irische (etc.) Muttersprachler, also *native speakers*. Gerade für den fremdsprachlichen Unterricht in der Grundschule ist darüber hinaus die Qualität der Lehrerhandreichungen von besonderer Bedeutung, da die Schülerbücher häufig nur wenig Schrift enthalten und deshalb nicht immer sofort erkennbar ist, wie mit den Seiten gearbeitet werden kann. Die Handreichungen geben darüber Auskunft, wie das Buch angemessen im Unterricht eingesetzt werden kann. Wichtig ist dabei, dass aus den Lehrerhandreichungen klar hervorgeht, welche Übungen im Schülerbuch welchem Zweck dienen und wie diese jeweils mit den Übungen im *activity book* verbunden werden können. Zudem sollten kulturelle Informationen und Hinweise zur Sprachbetrachtung (*language awareness*) und Aussprache enthalten sein sowie Materialien zur Differenzierung.

Hilfreich ist es ebenfalls, wenn dem Lehrwerk Beobachtungsbögen beiliegen und Ideen oder Vorlagen für ein Portfolio integriert sowie ergänzende Materialien für Lernstandskontrollen angeboten werden. Ein auf die Beurteilung von Grundschullehrwerken zugeschnittener, klar strukturierter Kriterienkatalog kann die Auswahl eines passenden Lehrwerkes erheblich erleichtern (vgl. hierzu Elsner / Fudickar / Wedewer 2006).

Wichtig ist, dass die Lehrkraft das Lehrwerk nicht als Dogma sieht, sondern vielmehr als Fundgrube, aus der man die Ideen und Materialien schöpfen kann, die einem persönlich zusagen und von denen man glaubt, dass sie in der eigenen Klasse gut umsetzbar sind. Die Anregungen in den Lehrwerken sollten also immer durch eigene Materialien ergänzt und die Vorschläge zur Durchführung des Unterrichts grundsätzlich an die Leistungsfähigkeit der zu unterrichtenden Klasse angepasst werden.

Die derzeit am häufigsten an den Schulen eingesetzten Lehrwerke sind:
Sally (Oldenbourg)
Sunshine (Cornelsen)
Discovery (Westermann)
Playway (Klett)
Bumblebee (Schroedel)

Diese Lehrwerke sind in allen Bundesländern zugelassen und dürfen deshalb von der Lehrkraft im Unterricht eingesetzt werden.

5.7.2 Den Computer nutzen: Lernsoftware und Internet

In vielen Klassenzimmern der Grundschule findet man mittlerweile einen Computer. Dieser lässt sich für den Fremdsprachenunterricht sinnvoll nutzen. Er ermöglicht einerseits den Zugang zum Internet und damit zu realen Kommunikationspartnern aus aller Welt sowie zu kindgemäßen Texten, Übungen und Spielen, die z.B. von der *BBC* (www.bbc.co/uk/cbeebies) oder vom *British Council* (www.britishcouncil.org/kids.htm) angeboten werden. Andererseits dient der PC als Trainingsplatz, an dem mit speziellen Lernprogrammen die fremde Sprache individuell geübt werden kann.

Fast alle Lehrwerke integrieren eine Lernsoftware, die direkt auf die Inhalte der *pupil's books* und der *activity books* abgestimmt ist (z.B. *Lucy and Leo*, Westermann; *Sunshine*, Cornelsen). Darüber hinaus gibt es eine Reihe an Programmen, die nicht an ein Lehrwerk gekoppelt sind, jedoch ebenfalls den Anspruch erheben, die fremdsprachliche Kompetenz der Grundschüler in kindgerechter Form zu steigern (z.B. *My English Words*, Westermann) und somit der Kategorie „didaktische Lernsoftware" zuzuordnen sind (vgl. Grünewald 2004 b, S. 48). Zudem gibt es eine Reihe an spielerischer Lernsoftware (*edutainment*; z.B. *Paddy and the rainbow*, Westermann) und Übungsprogramme (Pfiffikus Englisch, Westermann), die vor allen Dingen für den Nachmittagsmarkt, also für zu Hause, geeignet sind – einerseits, um Gelerntes zu wiederholen und aufzufrischen, andererseits, um ihre *computer literacy* zu stärken.

Auch hier sollte man bei der Auswahl einige Kriterien und Aspekte für die Beurteilung von Lernsoftware berücksichtigen, um herauszufinden, welche für den Unterricht und die Klasse geeignet ist (vgl. Grünewald 2004b, S. 49).

Kriterien zur Auswahl von Lernsoftware

- Ist die Software einfach zu installieren?
- Ist die grafische Darstellung übersichtlich und ansprechend?
- Gibt es eine gute Hilfefunktion?
- Werden Lösungshilfen angeboten?
- Gibt das Programm den Kindern Feedback in Bezug auf richtige Antworten oder Fehler?
- Sind die Inhalte sachlich richtig?
- Werden alle Fertigkeitsbereiche trainiert?
- Variieren die Lernwege (entdeckendes Lernen, problemorientiertes Lernen, selbst gesteuertes Lernen etc.)?
- Herrscht eine Vielfalt an verschiedenen Übungs- und Aufgabenformen?
- Werden die spielerischen Elemente sinnvoll in den Lernprozess integriert oder überfrachten sie eher die inhaltlichen Lernziele?

Neben der Arbeit mit Lern- und Übungsprogrammen lässt sich der PC natürlich zum Verfassen sprachlich einfacher Mitteilungen, wie Glückwunsch- oder Einladungskarten, nutzen sowie zur Herstellung eigener Wortkarten oder zum Niederschreiben eigener Reime und Gedichte.

E-Mail-Partnerschaften und Internetrecherche

Natürlich kann der PC auch für die Initiierung und Pflege von E-Mail-Partnerschaften eingesetzt und das Internet als Recherchequelle herangezogen werden. Gerade für die Freiarbeit bietet es sich an, den Kindern gezielte Suchaufgaben an die Hand zu geben, mit denen sie sich auf einer vorgegebenen Internetseite umschauen können. Dies kann z.B. so aussehen (vgl. Ellis / Brewster 2008, S. 213):

Beispiel für eine Internet Task

Topic: Dinosaurs
Visit the website: www.enchantedlearning.com

1. Click on "Zoom Dinosaurs". Put your cursor on the dinosaur. What can you see?
2. Click on "Dino Dictionary". Click on "D". Then click on "Di". Find "Diplodocus".
3. How long was the neck of Diplodocus? How lang was the tail of Diplodocus?
4. Go back. Click on "S". Click on "St". Find "Stegosaurus". Click on "Stegosaurus". How many bony plates did Stegosaurus have?
5. Click on "All About Dinosaurs". Could dinosaurs fly?

Folgende englischsprachige Internetseiten sind für Grundschulkinder geeignet:

- www.kidzpage.com

Eine englischsprachige Internetseite für Kinder, auf der Spiele und Puzzles gespielt werden können. Außerdem stehen Malvorlagen, Lernspiele und Bilder zum Download bereit.

- http://www.enchantedlearning.com/Home.html

Besonders Sprachanfänger profitieren von dieser Seite. Hier finden sie einen umfangreichen Grundwortschatz, thematisch übersichtlich angeordnet und visuell in Form von Grafiken und Bildern gut aufbereitet.

- www.enchantedlearning.com/Dictionary.html

Unter dieser Unterseite finden die Kinder ein Online-Wörterbuch. Zu jeder Vokabel gibt es ein kleines Bild oder eine Fotografie. Die Kinder finden auf einigen Seiten auch Audiodateien, Animationen und interaktive Applets.

- http://sunsite.berkeley.edu/KidsClick!/

Diese Seite wurde von Bibliothekaren für Kinder erstellt. Hier können die Schülerinnen und Schüler direkt nach Begriffen suchen oder in verschiedenen Bereichen (*Facts and Reference, Science and Math, The Arts* etc.) stöbern.

▪ http://www.englishbox.de/
Die *englishbox* empfiehlt sich vor allem für jüngere Kinder. Hier gibt es interessante Buchtipps, kurze Geschichten und Märchen auf Englisch sowie eine Lieder-Datenbank mit Musik und Texten bekannter englischsprachiger Kinder- und Weihnachtslieder. Die Seite ist gut geeignet, um mit den Kindern gemeinsam etwas für den Unterricht auszusuchen.

▪ http://www.ajkids.com/
Hierbei handelt es sich um eine Suchmaschine speziell für Kinder. Die Kinder können Fragen stellen oder unter einem der Links (*Dictionary, Thesaurus, Almanac, Biography, ...*) Begriffe nachschlagen.

5.7.3 Video und DVD

Mittlerweile gibt es eine ganze Reihe an Videos und DVDs, die speziell für den Englischunterricht in der Grundschule entwickelt wurden – diese werden häufig im Verbund eines Lehrwerkes angeboten und durch Unterrichtsvorschläge ergänzt (z.B. *Sally*, Oldenbourg). Darüber hinaus sind insbesondere bei *Oxford University Press* eine Reihe an Geschichten auf DVD und Video erschienen, die auf den Fremdsprachenunterricht in der Grundschule zugeschnitten sind (z.B. *Winnie the witch, The wrong trousers* oder *A close shave*).

Auch diese DVDs werden meist von einem kleinen *booklet* begleitet, in welchem Anregungen für den Einsatz der Filme im Unterricht gegeben werden. Diese Arbeit muss man sich als Lehrkraft selbst machen, greift man auf einfache, kurze, authentische Kinderfilme zurück, die nicht speziell für das Klassenzimmer konzipiert wurden (wie z.B. die *Spot*-Reihe von Eric Hill, Raymond Briggs *Snowman* oder die bekannte Geschichte von *Rudolph the red nosed reindeer* sowie kurze Sachfilme).

Arbeit mit Videos und DVDs

Ähnlich wie beim *storytelling* gliedert sich die unterrichtliche Arbeit mit Filmen in drei Phasen:

pre-viewing phase

In der *pre-viewing phase* steht das Ziel im Vordergrund, die Kinder mit dem Filmthema vertraut zu machen, ihr Vorwissen (auf Sach- und Begriffsebene) zu aktivieren, Wortschatz vorzuentlasten und sie gegebenenfalls Vermutungen über den Filmverlauf anstellen zu lassen.

In der *while-viewing phase* sollte der Film bzw. die ausgewählte Episode zunächst im Ganzen von den Kindern angesehen werden. Ein Unter- oder Abbrechen des Filmes würde dazu führen, dass die Kinder nicht den Gesamtzusammenhang des Filmes herausfinden können und somit ggf. das Verständnis erschweren.

Erst beim zweiten Durchlauf ist es angebracht, den Film in kleine Sequenzen einzuteilen und die Aufmerksamkeit der Kinder durch Fragen, Impulse und Aufgaben auf spezielle sprachliche oder kulturelle Aspekte zu lenken. Passende Aufgaben für diese Phase sind z.B. (vgl. Ellis / Brewster 2002, S. 206):

- *Watch and complete the picture.*
- *Watch and number the pictures.*
- *Watch and tick the correct item / sentence / picture.*
- *Watch and write.*
- *Watch and sort.*
- *Watch and draw.*

while-viewing phase

In der letzten Phase, der *post-viewing phase,* sollte das geübt und weitergeführt werden, was in der zweiten Phase fokussiert wurde. Hier können Ergebnisse verglichen, Szenen nachgespielt, Rätsel gestellt oder Poster angefertigt werden.

post-viewing phase

5.8 Dokumentation und Evaluation von Lernprozessen

Die wohl häufigste Art der alltäglichen Rückmeldung von Schülerleistungen stellt die mimische oder verbale Reaktion der Lehrkraft auf Schüleräußerungen oder -verhalten dar. Der Vorteil solcher Äußerungen, wie *Well done*, *Good job* oder *Excellent*, liegt zum einen im spontanen und direkten Einflussnehmen auf sprachliche Prozesse im Fremdsprachenunterricht, zum anderen werden die Lerner hierdurch stark motiviert. Trotzdem sind die Zielgenauigkeit und die Richtigkeit der Rückmeldung in solch kurzfristigen Feedback-Vorgaben nicht immer gegeben (vgl. Gutwerk / Elsner 2006).

Da der Blick in die Lehrpläne der Bundesländer eine immer deutlichere leistungs- und ergebnisorientierte Ausrichtung des Fremdsprachenunterrichts zeigt (lediglich vier Bundesländer haben sich bislang noch gegen eine Benotung entschieden und sehen stattdessen eine verbale Beurteilung im Zeugnis vor), müssen Lernstandserhebungen durchgeführt werden, die eine möglichst genaue Beurteilung des individuellen Sprachstandes zulässt und auf deren Grundlage die Lehrkraft dem Kind (und dessen Eltern) den Lernfortschritt mitteilen kann. Dies kann in Form von Beobachtungen geschehen sowie durch gezielte Tests. Wichtig erscheint in diesem Zusammenhang, dass die Bewertung der Schülerleistungen – egal in welcher Form – kriteriengeleitet erfolgt, was bedeutet, dass die Lehrkraft vor der Lernstandsüberprüfung genau festlegen muss,

Kriterien für die Lernstandsermittlung

- **was** überprüft werden soll (z.B. das Hörverstehen, die Sprechkompetenz, die Lese- oder die Schreibkompetenz, die Kenntnis bestimmter Begriffe oder kulturelle Inhalte),
- **in welcher Form** die Lernstandsermittlung erfolgen soll (mündlich oder schriftlich, Überprüfung der gesamten Klasse oder nur einzelner Schüler, mit einem Test oder in Form einer Beobachtung mit Beobachtungsbogen),
- **mit welchen Aufgabentypen** die Leistung überprüft werden soll (z.B. mit geschlossenen Aufgaben – wie z.B. Richtig oder Falsch bzw. Ja-/Nein-Aufgaben, Kreuzworträtsel oder das Ordnen einer Geschichte – oder mit geöffneten Aufgabenformen, wie z.B. eine Bildbeschreibung, ein Interview durchführen oder ein kurzes Gespräch zu einem vorgegebenen Thema führen etc.)
- **wie die Leistung bewertet werden soll** (wie viele Punkte gibt es insgesamt, welche Aufgabe bekommt wie viele Teilpunkte und wieso?).

Eine Besonderheit des frühen Fremdsprachenlernens besteht darin, dass die unterrichtlichen Aktivitäten vor allem auf die Entwicklung der mündlichen Fertigkeiten „Hören" und „Sprechen" abzielen, es für schriftliche Tests aber häufig leichter erscheint, Aufgaben zu entwickeln, die die Lese- und Schreibkompetenz der Kinder überprüfen. Um zu vermeiden, dass dieses Dilemma dazu führt, dass man schließlich das unterrichtet, was man prüfen kann und Vokabelarbeit und schriftliche Übungen den Unterricht dominieren, ist es sinnvoll, sich einen genauen Überblick über Aufgabentypen zu verschaffen, die tatsächlich das abfragen, was im Unterricht auch fokussiert werden sollte.

5.8.1 Aufgaben zur Überprüfung der Hörverstehensleistung

Folgende Aufgabentypen bieten sich für den Bereich Hörverstehen an:
- den globalen Inhalt eines Hörverstehenstextes auf Deutsch zusammenfassen,
- Bilder nach Gehörtem in die richtige Reihenfolge bringen,
- auf bekannte Fragestellungen mündlich (in der Mutter- oder Fremdsprache) oder durch Zeigen reagieren,
- Anweisungen verstehen und körperlich oder zeichnerisch umsetzen (z.B. in Form eines Maldiktates),
- einfache Entscheidungsfragen mit „richtig" oder „falsch" bzw. „ja" oder „nein" nach einem Hörtext beantworten.

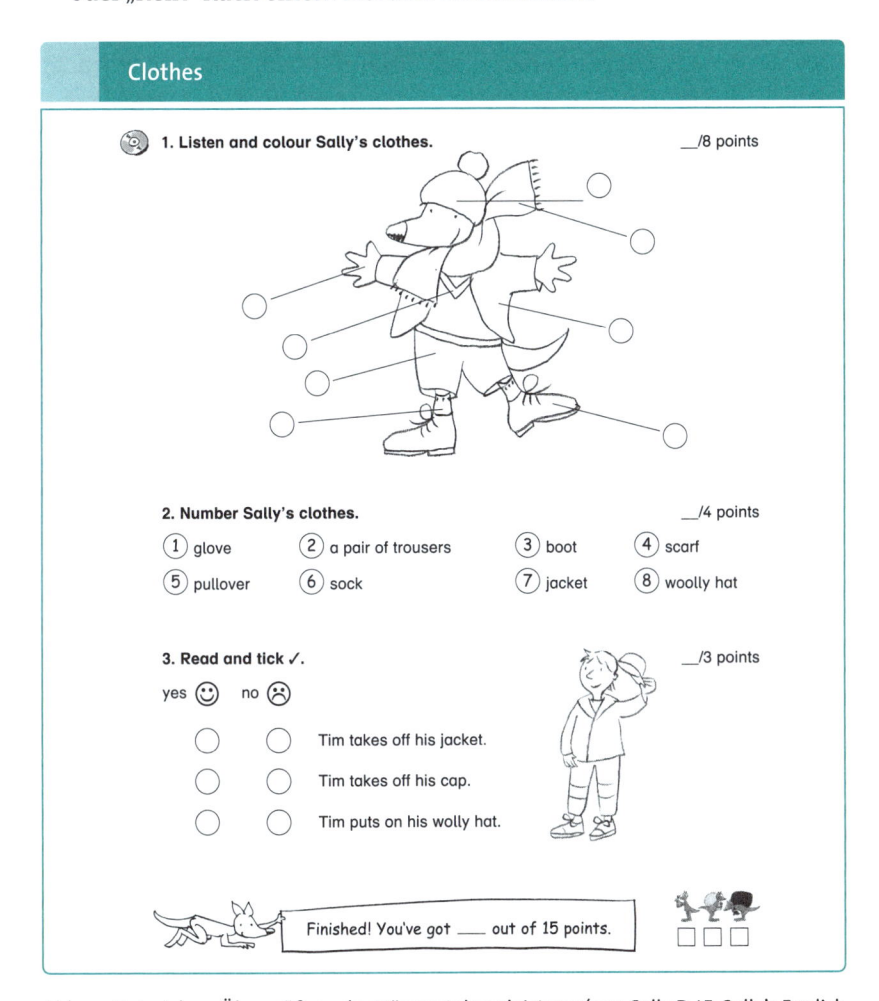

Abb. 23: Beispiel zur Überprüfung der Hörverstehensleistung (aus: Sally D / E, Sally's English Test 3 / 4, S. 8)

5.8.2 Aufgaben zur Überprüfung der Sprechkompetenz

In diesem Bereich haben sich folgende Aufgabentypen bewährt:
- in einfachen und bekannten Dialogsituationen sprachlich verständlich reagieren,
- einfache Sätze richtig und vollständig nachsprechen,
- bekannte Lieder und Reime auswendig aufsagen,
- eine Bildsituation mit einfachen Sätzen beschreiben,
- einzelne Sätze in Rollenspielen übernehmen und sprachlich korrekt wiedergeben,
- mit bekannten Redemitteln einfache Fragen und Antworten formulieren.

Insbesondere wenn man die freie Sprechleistung der Kinder z.B. im Rahmen einer Bildbeschreibung oder während eines Interviews oder Dialogs überprüfen möchte, bietet es sich an, einen Bewertungsbogen anzulegen, der die Kriterien festsetzt, anhand derer man das Kind überprüft. Dies kann folgendermaßen aussehen:

Bildsituation *In the zoo*	Keine	Wenige	Einige	Viele	Bemerkungen / Beispiele
Das Kind konnte Szenen des Bildes richtig beschreiben.					
Das Kind konnte auf gezielte Fragen zum Bild sinnvolle Antworten geben.					
Die Antworten waren Einwortsätze.					
Die Antworten waren Mehrwortsätze.					
Das Kind verwendet Nomen.					
Das Kind verwendet Adjektive.					
Das Kind verwendet Verben.					
Das Kind verwendet Präpositionen.					
Zusätzliche Beobachtungen, z.B. zur Aussprache, Intonation etc.					

5.8.3 Aufgaben zur Überprüfung der Lese- und Schreibkompetenz

In diesem Bereich sind folgende Aufgabentypen denkbar:
- Bildkarten und reale Gegenstände dem Wortbild geübter Vokabeln richtig zuordnen,

- bekannte Wörter, Sätze, Gedichte und kurze Geschichten vorlesen,
- kurze bekannte Sätze fehlerfrei abschreiben,

Abb. 24: Beispiel zu Überprüfung der Lese- / Schreibkompetenz (aus: Sally D / E, Sally's English Test 3 / 4, S. 30)

Abb. 25: Weiteres Beispiel (aus: Sally D / E, Sally's English Test 3 / 4, S. 30)

Zusätzlich kann in diesem Kompetenzbereich auch das Führen von Ordnern und Heften bei der Benotung berücksichtigt werden.

Im Bereich der interkulturellen Kompetenz sollten die Kinder in der Lage sein, Grundwissen über bekannte landeskundliche Themen auf Deutsch wiederzugeben und authentisches Material (*Halloween, Thanksgiving* etc.) thematisch richtig zuzuordnen.

Systematische Beobachtungen, wie im Beispiel der Sprechkompetenz oben gegeben, sollten zwei- bis dreimal im Schulhalbjahr erfolgen. Während die Klasse frei an Stationen arbeitet, kann sich die Lehrkraft mit einzelnen Kindern oder Gruppen befassen und ihre mündlichen Fertigkeiten überprüfen (vgl. hierzu auch Drese 2005).

Zusätzlich zur Leistungseinschätzung seitens der Lehrkraft sollten die Kinder Gelegenheit zur Selbstevaluation bekommen. Ein geeignetes Instrument hierfür ist das Sprachenportfolio.

5.8.4 Sprachenportfolio

Bereits seit langer Zeit hat sich das Portfolio für bestimmte Berufsgruppen wie Künstler, Designer oder Architekten als Instrument bewährt, mit dem der Besitzer seine Qualifikationen dokumentieren und präsentieren kann. Eine Sammlung mit selbst zusammengestellten schriftlichen oder grafischen Werken gibt hier Auskunft über die individuelle Arbeit, Entwicklung und Kompetenz des Besitzers.

Mit der Diskussion um selbstverantwortliches Lernen und der damit verbundenen Suche nach neuen Möglichkeiten der Leistungsbewertung hält das Portfolio nunmehr seit Ende der 1990er Jahre Einzug im Fremdsprachenunterricht.

Das vom Europarat entworfene „Europäische Portfolio der Sprachen" (EPS) zur Evaluation fremdsprachlicher Lehr- und Lernprozesse hat dabei zwei Funktionen (vgl. www.learn-line.de): Es dokumentiert die sprachlichen Fähigkeiten und interkulturellen Erfahrungen der Lerner (Dokumentationsfunktion) und es begleitet Kinder, Jugendliche und Erwachsene auf ihrem Weg des sprachlichen und interkulturellen Lernens (pädagogische Funktion).

Im Kontext fremdsprachlichen Lernens in der Grundschule dient das Portfolio entsprechend dazu, dass sich die Kinder selbst über ihre Lernvoraussetzungen, Lernfortschritte, erworbenen Sprachlernerfahrungen sowie über ihre Kompetenzen und Ziele bewusst werden. Dieses Instrument zur Selbstreflexion und Steuerung eigener Lernprozesse kann dem Lerner aufzeigen, über welches Wissen er in der Fremdsprache bereits verfügt und welche Kompetenzen er sich noch aneignen muss. Zudem kann der Blick in das Portfolio einzelner Kinder eine große Hilfestellung in Bezug auf zu ergreifende Fördermaßnahmen sein sowie Auskunft über die Effektivität des eigenen Unterrichts geben. Darüber hinaus kann das Portfolio den Übergang von der Primar- in die Sekundarstufe erleichtern. Lehrkräfte der Sekundarstufe können auf der Grundlage des Portfolios erkennen, welche fremdsprachlichen Vorkenntnisse jeder einzelne Lerner in den Unterricht mitbringt (vgl. Legutke 2003).

In Anlehnung an das Europäische Portfolio haben mittlerweile zahlreiche Schulbuchverlage Vorlagen entwickelt, die sich für den Einsatz im Unterricht – bereits ab Klasse 1 – eignen (einen kostenlosen Download findet man z.B. unter:

http://www.oldenbourg.de/osv/download/pdf/sally_e_1_2_portfolio.pdf).

Bestandteile des Portfolios

Das Portfolio besteht aus drei Teilen, die die Kinder in deutscher Sprache bearbeiten.

Im **Sprachenpass**, dem ersten Teil des Portfolios, gibt das Kind Auskunft über seine vorhandenen sprachlichen Kompetenzen und seine kulturelle Identität. Hier dokumentieren die Kinder auch längere Aufenthalte und Besuche im Ausland und halten fest, welche sprachfördernden Maßnahmen, oder später auch Prüfungen, sie bereits absolviert haben. Auch zeigen sie hier auf, welche Sprachen sie in welchen Kontexten gelernt haben und noch verwenden bzw. gerade erlernen.

Sprachenpass

Ich und meine Sprachen

Name:

Geburtstag:

Geburtsort:

Geburtsland:

Hier kannst du ein Foto von dir einkleben.

Angaben über Sprachen:

Diese Sprachen kann ich verstehen:

Diese Sprachen spreche ich mit meiner Familie:

Diese Sprachen spreche ich mit meinen Freunden:

Diese Sprachen lerne ich in der Schule:

Diese Sprachen möchte ich gerne noch lernen:

In diesen Ländern, in denen andere Sprachen gesprochen werden, war ich schon einmal:

Hörst oder sprichst du manchmal außerhalb der Schule und deiner Familie ganz andere Sprachen?

Abb. 26: Sprachenpass „Ich und meine Sprachen" (aus: Sally D / E 3 Lehrermaterialien, S. 321)

Im zweiten Teil, der **Sprachenbiografie**, halten die Kinder ihre persönliche Geschichte des Sprachenlernens und ihre interkulturellen Erfahrungen über die gesamten Jahre des Sprachenunterrichts fest. Dieser Teil enthält Anregungen und Aufgaben zur Selbstbeurteilung sowie Hilfen zur Reflexion und Planung des Sprachenlernens. Hier geben die Kinder Auskunft über ihre Lernerfolge und dokumentieren ihr Sprachkönnen in der zu erlernenden Fremdsprache, soweit dies über Selbsteinschätzung möglich ist. Die Sprachenbiografie hilft, über Arbeitstechniken und Methoden des sprachlichen Lernens nachzudenken und zeigt dem Kind auf, welche Kompetenzen es verbessern muss.

Das **Dossier** als dritter Teil des Portfolios begleitet die Kinder in ihrem Lernprozess und bildet eine Sammlung besonders gelungener Arbeiten und Dokumente unterschiedlichster Art. Diese spiegeln den aktuellen Sprachstand in Form von Arbeitsblättern, Bildern, Tonaufnahmen usw. wider. Das Kind wählt für sich aus, was es in das Dossier aufnehmen möchte. So entsteht eine ständig wachsende und sich immer wieder verändernde Kollektion.

Die Arbeit mit dem Portfolio

Wie Legutke (2003, S. 5) feststellt, sehen viele Lehrkräfte die Arbeit mit dem Portfolio als große Herausforderung. Zum einen, weil das Dokument in erster Linie ein Selbstbewertungsinstrument für die Kinder ist und deshalb ausschließlich von ihnen bearbeitet werden soll. Als Lehrkraft gibt man somit die Verantwortung für die Inhalte und Gestaltung des Portfolios ab und dies mag ein eher ungewohntes Gefühl sein. Denn es werden weder Fehler verbessert noch die Materialien im Portfolio bewertet oder für Leistungseinschätzungen herangezogen.

Zum anderen benötigen die Kinder insbesondere zu Beginn ihrer Portfolioarbeit die Unterstützung und Beratung der Lehrkraft in Bezug auf den Umgang mit dem Portfolio. Für viele Kinder ist es wahrscheinlich das erste Portfolio und die Praxis der Dokumentation eigener Lernprozesse sowie die Selbstreflexion im Unterrichtsalltag noch keine Selbstverständlichkeit. Unbedingt vermieden werden sollte, dass die Kinder das Portfolio mit nach Hause nehmen, denn hier besteht die Gefahr, dass eher die Eltern als die Schüler aufzeigen, was das Kind bereits kann.

Während die Sprachenbiografie jeweils am Anfang eines neuen Schuljahres ergänzt bzw. aktualisiert werden kann, erfolgt die eigentliche Arbeit an der Sprachenbiografie in regelmäßigen Abständen über die gesamte Lernzeit hinweg. Insbesondere offene Unterrichtsphasen bieten sich für die Dokumentation der Lernprozesse an. Dabei können vorformulierte Fragestellungen oder Impulse, wie z.B. „ Das habe ich zum Thema … bereits gelernt – das muss ich noch lernen …", „Ich kann folgende Lieder, Reime usw. bereits in der englischen Sprache aufsagen / singen … – damit habe ich noch Schwierigkeiten …" oder „Ich lerne Wörter am besten, wenn …", den Kinder als Hilfestellung angeboten werden. So kann sichergestellt werden, dass die Kinder über all ihre Fertigkeitsbereiche sowie über ihre Sprachlernstrategien und -techniken reflektieren. Sie sollten außerdem regelmäßig dazu angeregt werden, ihre „Lieblingsarbeiten" in das Dossier einzuordnen.

6 Fremdsprachlicher Unterricht in der Diskussion

6.1. Englisch ab Klasse 1: What difference does it make?

Während derzeit in zwölf Bundesländern (noch) in der 3. Jahrgangsstufe begonnen wird, hat sich bereits in drei Bundesländern das Fremdsprachenlernen ab Klasse 1 etabliert. Seit dem Schuljahr 2003 / 04 wird in Baden-Württemberg Englisch bzw. Französisch ab der ersten Jahrgangsstufe zweistündig unterrichtet – in Rheinland-Pfalz wurde zum Schuljahr 2005 / 06 Englisch in den Unterricht der ersten Jahrgangsstufe integriert. Seit 2009 wurde auch in Brandenburg mit dem Fremdsprachenunterricht in Klasse 1 begonnen, ebenso in Nordrhein-Westfalen. Diese Bundesländer nehmen somit eine Vorreiterrolle ein. Sieht man sich die Entwicklungsgeschichte des Fremdsprachenfrühbeginns in Deutschland an, so scheint es aber letztlich nur eine Frage der Zeit, bis sich auch hier eine einheitliche Regelung in allen Ländern finden lassen wird – zumindest, was den frühen Zeitpunkt anbetrifft.

Denn von gleichen Konzeptionen kann bei den bislang vorliegenden Modellen nicht gesprochen werden. Stellt man das integrative Modell in Rheinland-Pfalz dem progressionsorientierten Fremdsprachenunterricht in Baden-Württemberg gegenüber, so lässt sich unschwer erkennen, dass sich hier zwei dem äußeren Anschein nach völlig kontroverse Modelle frühen Fremdsprachenlernens etabliert haben (vgl. hierzu Helfrich 2008). Und während man beispielsweise in Nordrhein-Westfalen von Anfang an auf Schrift setzt, verzichten die anderen Bundesländer bislang auf das Lesen und Schreiben in der Fremdsprache in den ersten beiden Klassen.

Spielerisch-ganzheitlich und (meistens) ohne Schrift

Was kennzeichnet nun den Fremdsprachenunterricht in den ersten beiden Jahrgangsstufen? In den vergangenen Kapiteln wurde bereits erörtert, welche Aspekte den fremdsprachlichen Unterricht in der Grundschule bestimmen – und zwar von Klasse 1 bis 4. Dennoch ist es ratsam, darüber nachzudenken, wodurch sich Kinder in der ersten Klasse von Kindern in der 3. Jahrgangsstufe unterscheiden. Denn aus diesen Überlegungen lassen sich weitere für den fremdsprachlichen Anfangsunterricht ableiten.

Kinder in der ersten Klasse sind noch stark damit beschäftigt, sich ihre eigene Muttersprache oder die Zweitsprache Deutsch anzueignen: Sie bilden weiterhin Begriffe, um sich damit ihre Welt zu erschließen, haben weder vollständig das Schriftsprachensystem durchdrungen noch sämtliche rechtschriftlichen Besonderheiten erfasst. Sie sind in diesem Alter deshalb nach wie vor stark auf „Sprachaufnahme und Interaktion gepolt" (Hoffmann 2008) und fürchten sich nicht vor Situationen, in denen sie nichts verstehen. Denn Vermutungen anstellen und Bedeutungen erschließen ist etwas, das sie auch im muttersprachlichen Erwerbsprozess noch tun. Zudem besitzen sie eine „noch recht große phonetisch-phonologische Flexibilität" (Sambanis 2008), die ihnen dabei hilft, Laute schnell zu unterscheiden, zu speichern und zu imitieren. Kinder im ersten Schuljahr haben dazu meist ein großes Bedürfnis, sich mitzuteilen und zu zeigen, was sie schon alles können – dies gilt auch für die Fremdsprache. Sie benötigen also von Anfang an genügend *language input* und Anlässe zur sprachlichen Interaktion, um sich die Fremdsprache aneignen zu können.

Viel language input und Gelegenheit zur Interaktion

Dabei muss jedoch auch berücksichtigt werden, dass Erstklässler lange nicht so konzentrationsfähig sind wie Kinder im dritten Schuljahr. Sie brauchen noch mehr Rhythmisierung und Bewegung, zahlreiche Gelegenheiten zum Selbersprechen sowie ganz klare Anweisungen, damit sie wissen, was sie tun sollen.

Entsprechend steht in den ersten beiden Jahrgangsstufen das spiel- und bewegungsorientierte Lernen noch viel stärker im Vordergrund als in den Folgejahren. In den Bundesländern, in denen ganz auf die Schrift verzichtet wird, muss der Unterricht, der sich dann auf die Ausbildung der mündlichen Fertigkeiten beschränkt, besonders anschaulich gestaltet werden und durch viele Wiederholungen garantieren, dass die Kinder neue Begriffe und Sprach*chunks* auch ohne die Merkhilfe des Schriftbildes speichern können. Bilder und Realgegenstände unterstützen dabei den Memorationsprozess.

Visuelle Stützen / Lernen mit Bewegung

Ein großer Vorteil des frühen Fremdspracherwerbs liegt darin, dass viele authentische Materialien, wie Bilderbücher, Kinderreime oder -lieder, für Erstklässler wesentlich passender sind als für Drittklässler. Während sich ein Viertklässler vielleicht weigert, ein englischsprachiges Kinderlied oder einen Fingerreim gut zu finden, und sich eher für den *rap* begeistern lässt, sind die englischsprachigen Kinderlieder und *nursery rhymes* für Erst- und Zweitklässler nicht nur sprachlich gut zu bewältigen, sondern auch inhaltlich motivierender als für ältere Kinder.

Die Handpuppe als Gesprächspartner

Ein besonderer Fixpunkt in den ersten Lernjahren ist die Handpuppe, die als englischsprachiger Vermittler zwischen Lehrkraft und Schulklasse fungiert und der Lehrkraft als Gesprächspartner dient, mit der beispielhaft Dialoge präsentiert werden können. Denn wer sollte Ihnen in den ersten Unterrichtsstunden sonst Fragen wie *What's your name?* und *How are you today?* beantworten können, wenn Sie dem Prinzip der Einsprachigkeit folgen wollen? Außerdem fällt es den Kindern häufig leichter, mit einer Puppe zu kommunizieren als mit der Lehrkraft, die vielleicht die Fehler bemerken könnte.

Darüber hinaus kann die Handpuppe stets in neue Themen einführen, die Kinder zu verschiedenen Dingen befragen, Informationen mitbringen, Gefühle thematisieren und somit für allerlei Gesprächsstoff im fremdsprachlichen Unterricht sorgen – und dies nicht nur in den ersten beiden Lernjahren, sondern auch noch in den Klassen 3 und 4.

Fremdsprachenunterricht in jahrgangsgemischten Klassen

Eine große Herausforderung stellt für viele Lehrkräfte der Fremdsprachenunterricht in jahrgangsgemischten Klassen dar. Das Lernen in solchen Klassen gründet auf konstruktivistischen Lerntheorien, wonach das Lernen durch Erfahrung und die selbsttätige Auseinandersetzung mit dem Lerngegenstand erfolgt (vgl. Wernig 1998). Dabei fördern komplexe Beziehungen in der Lerngruppe die Sozial-, Methoden- und Kommunikationskompetenz, denn jüngere Kinder lernen von den älteren, ältere Kinder schlüpfen in die Rolle des Erklärers, sodass ein stetiges Mit- und Voneinanderlernen stattfindet.

Miteinander und voneinander lernen

Diese Grundsätze gehen mit den Prinzipien eines lerner- und handlungsorientierten Fremdsprachenunterrichts konform. Beim fremdsprachlichen Lernen in der Grundschule steht die sprachliche Interaktion im Vordergrund, d.h. die Sprache wird als Medium der Verständigung verwendet und im Rahmen von Liedern, Spielen und Bastelarbeiten quasi nebenbei erlernt und weniger häufig zum eigentlichen Lerngegenstand erhoben, welcher sich auf die Vermittlung von Grammatik oder Einzelwörter konzentriert. Gerade im Rahmen des *Storytelling* oder bei der Durchführung von Bastelarbeiten nach Anleitung der

Lehrkraft stellen die Kinder Hypothesen über fremdsprachliche Bedeutungen auf und experimentieren dabei mit Sprache.

Die Erstklässler profitieren von Anfang an davon, dass die Zweitklässler bereits Kenntnisse in der Fremdsprache besitzen und sich schon produktiv äußern können. Denn so erhalten sie noch mehr fremdsprachlichen Input, als wenn dieser ausschließlich von der Lehrkraft kommt. Und da fremdsprachliches Lernen mit viel Wiederholung verbunden ist, ziehen auch die Zweitklässler Nutzen daraus, wenn ihnen bekannter Wortschatz für die Erstklässler neu eingeführt wird.

Da die Themen der ersten beiden Schuljahre nicht an eine bestimmte Reihenfolge gebunden sind, können Lieder, Reime und Spiele flexibel über die zwei Lernjahre eingeführt werden. Jahrgangsgemischtes Lernen lässt sich auch vergleichsweise einfach im Rahmen des *Storytelling* bewältigen sowie bei jahreszeitlich fixierten Themen wie Ostern, *Halloween* oder Weihnachten.

Dennoch gibt es Phasen, in denen das Fremdsprachenlernen in diesem Kontext nach einer inneren und äußeren Differenzierung verlangt, d.h. sowohl im pädagogisch-didaktischen Bereich durch offene Arbeitsformen wie Freiarbeit, Werkstattarbeit, Stationenlauf oder Projektarbeit als auch im organisatorischen Bereich in Form von *Teamteaching* und Trennstunden. Insbesondere für Wiederholungen und Übungen sind die Arbeitsformen der inneren Differenzierung bereits in der Eingangsklasse geeignet. Allerdings ist ein entdeckender und forschend-problemlösender Unterricht in der Anfangsphase nicht immer realisierbar, denn zunächst einmal benötigen die Erstklässler gezielten sprachlichen Input, um selbst in die sprachliche Interaktion eintreten zu können, da sie sonst dauerhaft in der Rolle der Zuhörer verharren. Deshalb sollte zu Beginn immer wieder auch eine äußere Differenzierung stattfinden. Möglich ist hier die Bildung von Lerngruppen für 15 bis 20 Minuten: Während die eine Gruppe alleine oder in Partner- und / oder Gruppenarbeit bereits bekanntes Sprachmaterial übt, kann mit der anderen Gruppe neues Sprachmaterial erarbeitet werden und umgekehrt.

Innere und äußere Differenzierung

6.2. Der Blick nach vorn: Übergang in die Sekundarstufe

Die Rahmenbedingungen für das Englischlernen in den weiterführenden Schulen in Bezug auf Struktur und Organisation sind bundesweit alles andere als optimal: So betont Heiner Böttger (2009, S. 3):„*Von Klassengrößen unter 20 Jugendlichen, die individualisiertes, lernertypenorientiertes Lernen überhaupt erst möglich machen würden, sind Schulen in der Regel noch weit entfernt. Eher das Gegenteil ist der Fall: Während sich Erwachsene als zahlende Lerner in Englischkursen nicht auf eine Teilnahme in Lerngruppen über 15 Personen einlassen würden, werden unsere Kinder zu oft weiter in Klassen mit der doppelten Lernerzahl unterrichtet. Eine aktive, produktive Teilnahme mit hohen Sprechzeiten bzw. individuelle Betreuung ist dort nicht möglich.*"

Fremdsprachliches Lernen in der Sekundarstufe findet häufig im Gleichschritt und strikt ergebnisorientiert statt. Zu bewältigende Vergleichsarbeiten und damit abzuarbeitende Lernpensen verringern diesen Zustand nicht. Wenig überraschend zeigt der Blick in die Lehrwerke der fünften Jahrgangsstufen deshalb auch, dass der Eintritt in die weiterführende Schule von Anfang an eine deutliche Fokussierung auf Schriftlichkeit, grammatische Strukturen und freies Sprechen mit sich bringt (vgl. Raffetseder 2009).

Der Englischunterricht in der Sekundarstufe scheint demnach nicht wirklich vergleichbar mit dem fremdsprachlichen Lernen in der Grundschule – und dies führt zu weitreichenden Problemen. Die Lehrkräfte an den Sekundarschulen bemängeln die geringen Sprachkenntnisse der Grundschulkinder und erleben die starken Unterschiede in der Sprachkompetenz der Fünftklässler als Dilemma, das nur dadurch auszugleichen sei, dass man noch einmal ganz von vorne beginnt, um alle auf den gleichen Stand zu bringen (vgl. Böttger 2009). Die Schülerinnen und Schüler müssen schnell erkennen, dass ihr erlerntes Sprachwissen offensichtlich nicht wirklich zählt. Die Grundschullehrkräfte fühlen sich unter Druck gesetzt und es besteht die Gefahr, dass sie deshalb einen auf die Sekundarstufe vorbereitenden Unterricht mit Vokabellernen und Diktaten durchführen. Dies jedoch sollte unbedingt vermieden werden.

Viel wichtiger erscheint es, das Problem des „Übergangs" durch gegenseitige Information zu entschärfen. Mit anderen Worten: Sekundarschullehrkräfte müssen wissen, was im Englischunterricht der

Grundschule mit welchen Methoden vermittelt wird und zu welchem Zweck; Grundschullehrkräfte sollten Kenntnisse darüber besitzen, was auf die Schülerinnen und Schüler in der fünften Jahrgangsstufe zukommt, um zu erkennen, dass eine alleinige Konzentration auf die Vermittlung mündlicher Fertigkeiten im Grundschulunterricht nicht ausreicht (umfassende Informationen zum Thema Übergang finden sich in der Ausgabe 103 / 2009 der Zeitschrift „Der fremdsprachliche Unterricht Englisch", Friedrich Verlag) .

Was kennzeichnet den Fremdsprachenunterricht in der Sekundarstufe in Abgrenzung zum Fremdsprachenunterricht der Primarstufe (vgl. Böttger 2009; Haß 2006)?

- Die Quantität des fremdsprachlichen Unterrichts verdoppelt sich und das Lerntempo wird damit automatisch erhöht.
- Ziel ist die Aneignung einer grundlegenden kommunikativen und interkulturellen Kompetenz sowie der Erwerb von Lern- und Arbeitstechniken.
- Die fremdsprachliche Lernarbeit erfordert dabei zunehmend kognitive Prozesse, da das Erkennen und Merken grammatischer Strukturen in der fremden Sprache an Bedeutung gewinnt.
- Im Rahmen des aufgabenorientierten Lernens wird zunehmend das freie und ungelenkte Sprechen verlangt.
- Ein Großteil der Sprachaneignung findet in Eigenverantwortung statt. Vokabeln müssen zu Hause gefestigt und schriftliche Aufgaben allein bewältigt werden.
- Das Lesen und Schreiben von Texten gewinnt an Gewicht.
- Die fremdsprachlichen Leistungen werden regelmäßig in Form von Noten bewertet, der Leistungsdruck damit erhöht, die Fehlertoleranz verringert.

Was kann ich als Grundschullehrkraft tun, um den Kindern den Übergang zu erleichtern?

Zum einen sollten die Lehrkräfte der Grundschule die Kolleginnen und Kollegen an den weiterführenden Schulen darüber informieren, was die Kinder in den vorangegangenen Jahren gelernt haben. Dies kann z.B. in Form einer Zusammenstellung der wichtigsten Themen, Inhalte und Redemittel geschehen, die an die Sekundarschule geschickt wird. Dabei kann es auch hilfreich sein, beispielhaft Arbeitsblätter, Texte und Unterrichtsprodukte beizulegen. Zudem können wechselseitige Hospitationen und Fachkonferenzen dazu beitragen, zu erkennen, welchen

Unterrichtsergebnisse an die weiterführenden Lehrkräfte übermitteln

Prinzipien der Fremdsprachenunterricht der jeweiligen Schulstufe unterliegt. Im Anschluss daran lässt sich diskutieren, an welcher Stelle man sich Veränderungen wünscht und auch vorstellen kann. Alternativ oder ergänzend können Videomitschnitte Einblick in den Unterricht der jeweils anderen Schulform geben.

Im Idealfall stimmen beide Seiten ihre Unterrichtskonzepte aufeinander ab, sodass eine durchgängige Lehr- und Lernform gewährleistet ist, was letztlich zur Zufriedenheit aller Beteiligten führt.

Abstimmung der Unterrichtskonzepte

Das bedeutet allerdings auch, dass die Umsetzung des Englischunterrichts in der Grundschule mit deutlichen Veränderungen einhergehen muss. Denn die Ergebnisse der EVENING-Studie (vgl. S. 9), einer breit angelegten Untersuchung zum Ertrag des fremdsprachlichen Unterrichts in der Grundschule, konnten aufzeigen, dass die Kritik der Sekundarschullehrkräfte am Fremdsprachenunterricht der Primarstufe nicht vollends unberechtigt ist. Die Studie belegte, dass der Grundschulunterricht überwiegend lehrerzentriert abläuft und das autonome Lernen und die Aneignung von Lernstrategien und -techniken nicht ausreichend gefördert werden. Zudem fokussieren die unterrichtlichen Übungen zu sehr die Entwicklung des Hörverstehens, Sprechanlässe werden nicht in ausreichendem Maße geschaffen. Aufgaben zum Nachdenken über Sprache im Sinne der *language awareness* finden kaum Eingang im Unterricht und die Darbietung von Wortschatz beschränkt sich häufig auf das Vermitteln von Einzelwörtern (und hier vornehmlich Nomen; vgl. Engel / Groot-Wilken / Thürmann 2009).

Für die Arbeit im Grundschulunterricht muss dies deshalb bedeuten: Die Prinzipien und Ziele des erlebnis-, aber dennoch ergebnisorientierten Fremdsprachenunterrichts ernst nehmen, indem man den Unterricht einsprachig gestaltet, das Schriftbild als Lernhilfe stets im Unterricht miteinbezieht, Übungen zum Sprachbewusstsein initiiert, viele Sprechanlässe schafft und Lern- und Arbeitstechniken vermittelt sowie das Arbeiten mit dem Portfolio fokussiert.

Literaturverzeichnis

A

Aitchison, Jean (1997): Wörter im Kopf. Eine Einführung in das mentale Lexikon. Tübingen.

Andersson, Thomas (1960): The optimum age of beginning the study of modern languages. In: International Review of Education 6, S. 298 – 308.

Asher, James (1986): Learning another language through actions. The complete teacher's guidebook. Los Gatos, Cal.

B

Bach, Gerhard / Niemeier, Susanne (Hrg.) (2008): Bilingualer Unterricht. Grundlagen, Methoden, Praxis, Perspektiven (4. überarb. Aufl.). Frankfurt a. M.

Bach, Gerhard / Timm, Johannes-Peter (Hrsg.) (2009): Englischunterricht. Grundlagen und Methoden einer handlungsorientierten Unterrichtspraxis (4. überarb. Aufl.).Tübingen.

Bahns, Jens (2000): Die Fertigkeit Hörverstehen im Fremdsprachenunterricht der Grund- und Hauptschulen. Studienbrief Fachdidaktik. Universität Koblenz-Landau.

Baumert, Jürgen / Klieme, Eckhard / Neubrand, Michael (Hrsg.) (2001): PISA 2000: Basiskompetenzen von Schülerinnen und Schülern im internationalen Vergleich. Opladen.

Baumert, Jürgen / Lehmann, Rainer et.al. (Hrsg.) (1997): TIMSS – Mathematisch-naturwissenschaftlicher Unterricht im internationalen Vergleich. Deskriptive Befunde. Opladen.

Bayerisches Kultusministerium (2000): Lehrplan für die Grundschulen in Bayern. München, S. 29.

Bebermeier, Hans (1975): Erkenntnisse und Prinzipien des Englischunterrichts in der Grundschule. In: Sauer, Helmut (Hrsg.): Englisch auf der Primarstufe. Texte und Informationen zum Frühbeginn des Fremdsprachenunterrichts. Paderborn.

Bebermeier, Hans (1992): Begegnung mit Sprachen. Frankfurt a. M.

Behörde für Jugend und Sport der Freien Hansestadt Hamburg (2003): Bildungsplan für die Grundschule. Rahmenplan Englisch. Hamburg.

Bermann, Michael (1998): A multiple intelligences road to an ELT classroom: Bancyfelin.

Bimmel, Peter / Rampillon, Ute (2000): Lernerautonomie und Lernstrategien. München.

Bleyhl, Werner (2000):Wie funktioniert das Lernen einer fremden Sprache? In: Bleyhl, Werner (Hrsg.): Fremdsprachen in der Grundschule. Grundlagen und Praxisbeispiele. Hannover, S. 9 – 23.

Bleyhl, Werner (2003): Ist früher besser? – Die Bedeutung des frühen Lernens. In: Edelhoff, Christoph (Hrsg.): Englisch in der Grundschule und darüber hinaus. Frankfurt a. M., S. 5 – 23.

Blondin, Christiane / Candelier, Michael / Edelenbos, Peter et.al. (Hrsg.) (1998): Fremdsprachen für die Kinder Europas: Ergebnisse und Empfehlungen der Forschung. Berlin.

Bolton, Sybille (1997): Tests im Wandel theoretischer Prämissen. In: Gardenghi, Monika / O'Connel, Mary (Hrsg.): Prüfen, Testen, Bewerten im modernen Fremdsprachenunterricht. Frankfurt a. M., S. 17 – 23.

Böttger, Heiner (2006): Everyone's different. Möglichkeiten zur Berücksichtigung von Individualität. In: Grundschulmagazin Englisch 5 / 2006, S. 6 – 8.

Böttger, Heiner (2009): Von Brücken und Klüften. Der schwierige Übergang in die weiterführenden Schulen im Fach Englisch. In: HotSpot 3 / 2009, S.6 ff [ONLINE] verfügbar unter: *www.grundschule-englisch.de*.

Bredenbröcker, Martina et.al. (2005): Sally 3 Lehrermaterialien. München.

Bredenbröcker, Martina et.al. (2005): Sally 3 Activity Book. München.

Bredenbröcker, Martina et.al. (2005): Sally 3 Schülerbuch. München.

Bredenbröcker, Martina et.al. (2006): Sally 4 Lehrermaterialien. München.

Bredenbröcker, Martina et.al. (2006): Sally 4 Activity Book. München.

Bredenbröcker, Martina et.al. (2006): Sally 4 Schülerbuch. München.

Bredenbröcker, Martina et.al. (2009): Sally D / E 3 Lehrermaterialien. München.

Bredenbröcker, Martina et.al. (2009): Sally D 3 Activity Book. München.

Bredenbröcker, Martina et.al. (2009): Sally D 3 Schülerbuch. München.

Bredenbröcker, Martina et.al. (2009): Sally D / E 4 Lehrermaterialien. München.

Bredenbröcker, Martina et.al. (2009): Sally D 4 Activity Book. München.

Bredenbröcker, Martina et.al. (2009): Sally D 4 Schülerbuch. München.

Bredenbröcker, Martina et.al. (2009): Sally D / E, Sally's English Test 3 / 4. München.

Bruner, Jerome (1987): Child's talk: Learning to use language. New York.

Brusch, Wilfried (1993): Fremdsprachen in der Grundschule – nach welchem Konzept? In: Neusprachliche Mitteilungen 46 (2), S. 94 – 100.

Buck, Gary (2001): Assessing listening. Cambridge.

Burmeister, Petra (2006): Immersion und Sprachunterricht im Vergleich. In: Pienemann, Manfred / Keßler, Jörg-U. / Roos, Eckhard (Hrsg.): Englischerwerb in der Grundschule. Ein Studien- und Arbeitsbuch. Paderborn, S. 197 – 216.

Burmeister, Petra (2007): Water, water, water... Fremdsprachliches Sachfachlernen im Anfangsunterricht. In: Take off 1 / 2007, S. 6 – 9.

Burmeister, Petra / Pasternak, Ruth (2007): Exciting and dangerous. Das Thema "Fire" im fremdsprachlichen Sachfachunterricht. In: Grundschule 4 / 2007, S. 46 – 50.

Byram, Michael (1997): Teaching and assessing intercultural communicative competence. Clevedon.

C

Cameron, Lynne (2001): Teaching languages to young learners. Cambridge.

Christ, Ingeborg (1990): Soll die Grundschule auf das fremdsprachliche Lernen der Sekundarstufe I vorbereiten? Schulverwaltung NRW, H. 5, 97 – 100.

Clark, H.H. / Clark E.V. (1977): Psychology and language: An introduction to psycholinguistics. New York.

D

De Leeuw, Howard (1997): English as a foreign language in the German elementary school – what do the children have to say? Tübingen.

Diehr, Bärbel (2003): Wo drückt der Kinderschuh? Beobachtungen, Überlegungen und Vorschläge zum Problem des Lernfortschritts im Englischunterricht der Grundschule. In: Englisch 3 / 2003, S. 96 – 104.

Diehr, Bärbel / Rymarczyk, Jutta (2008): „Ich weiß es, weil ich es so spreche". Zur Basis von Lese- und Schreibversuchen in Klasse 1 und 2. In: Grundschulmagazin Englisch 1 / 2008, S. 6 – 9.

Doyé, Peter (1990): Fremdsprachenbeginn ab Klasse 3: Bedingungen für seine Einführung. In: Gompf, Gundi / Meyer, Edeltraud / Helfrich, Heinz (Hrsg.): Jahrbuch 90 des Fördervereins „Kinder lernen europäische Sprachen". Stuttgart, S. 26 – 31.

Doyé, Peter (1999): The intercultural dimension. Foreign language education in the primary school. Berlin.

Doyé, Peter / Lüttge, Dieter (1977): Untersuchungen zum Englischunterricht in der Grundschule – Bericht über das Forschungsprojekt FEU. Braunschweig.

Dulay, H. / Burt, M (1974): Natural sequences in child second language acquisition. In: Language Learning 24, S. 37 – 53.

Dürmüller, Urs / Werlen, Erika (2004): Aussprache und Ausspracheschulung: Nicht perfekt, sondern verständlich. In: Grundschulmagazin Englisch 1 / 2004, S. 6 – 8.

E

Ehlers, Ulf (2002): Qualität beim E-Learning: Der Lernende als Grundkategorie bei der Qualitätssicherung. In: Deutsche Gesellschaft für Erziehungswissenschaft (Hrsg.): Medienpaed.com – Onlinezeitschrift für Theorie und Praxis der Medienbildung. Themenschwerpunkt: Lernsoftware – Qualitätsmaßstäbe, Angebot, Nutzung und Evaluation, S. 1 – 20. [ONLINE] verfügbar unter: *http://www.medienpaed.com*

Ellis, Gail / Brewster, Jean (2002): The storytelling handbook for primary teachers. London.

Ellis, Gail / Brewster, Jean (2008): The primary English teacher's guide (2nd modified ed.). Harlow.

Elsner, Daniela (2006): Wortschatzeinführung in einem kommunikativ orientierten Englischunterricht. Primary English 1 / 2006, Ausgabe Bayern, S. 13 – 15.

Elsner, Daniela (2007): Hörverstehen im Englischunterricht der Grundschule. Ein Leistungsvergleich zwischen Kindern mit Deutsch als Muttersprache und Deutsch als Zweitsprache. Frankfurt a. M.

Elsner, Daniela (2009 a): Englisch lernen als L2 oder L3 – What difference does it make? In: Grundschulmagazin Englisch 2 / 2009, S. 35 – 38.

Elsner, Daniela (2009 b): Und wenn ich nichts verstehe, dann denke ich halt nach. Content and language integrated learning in der Grundschule – ein Beispiel. In: Abendroth-Timmer, Dagmar / Elsner, Daniela / Lütge, Christiane / Viebrock, Britta (Hrsg.): Handlungsorientierung im Fokus. Impulse und Perspektiven für den Fremdsprachenunterricht im 21. Jahrhundert. Frankfurt a. M., S. 89 – 100.

Elsner, Daniela (ersch. 2010): Fachpraktikum Englisch: „Kardinalproblem" oder „Qualitätskriterium" einer guten Lehrerausbildung? Ergebnisse einer Between-Method-Untersuchung an ausgewählten deutschen Universitäten. In: Rotermund, Manfred (Hrsg.): Schulentwicklung und Schulpraktische Studien. Leipzig, S. 27ff.

Elsner, Daniela / Fudickar, Britta / Wedewer, Veronika (2006): Kriterienkatalog zur Beurteilung von Englischlehrwerken für die Grundschule. In: Grundschulunterricht 10 / 2006, S. 33 – 35.

Elsner, Daniela / Wedewer, Veronika (2009): Mehrsprachiges Bewusstsein erlangen – ein Kinderspiel? Ein Beitrag zum sprachübergreifenden Lernen in der Grundschule. Grundschule Deutsch 23 / 2009, S. 18 – 21.

Engel, Gaby / Groot-Wilken, Bernd / Thürmann, Eike (Hrsg.) (2009): Englisch in der Primarstufe – Chancen und Herausforderungen. Evaluation und Erfahrungen aus der Praxis. Berlin.

Eßer, Ferdinand (2004): Authentische Texte von Anfang an. Primary English 3 / 2004, S. 8 – 11.

Esslinger-Hinz, Ilona / Hahn, Heike (2004): Kompetenzen entwickeln – Unterrichtsqualität in der Grundschule steigern. Entwicklungslinien und Forschungsbefunde. Hohengehren.

Europäische Kommission (Hrsg.) (2006): Content and Language Integrated Learning (CLIL) at school in Europe. National Description 2004 / 05. Brüssel.

Europäische Kommission (Hrsg.) (1996): Weißbuch Lehren und Lernen: Auf dem Weg zur kognitiven Gesellschaft. [ONLINE] verfügbar unter: *http://ec.europa.eu/education/doc/ official/keydoc/lb-de.pdf*

Europäische Kommission (Hrsg.) (2008): Eurydice. Schlüsselzahlen zum Sprachenlernen an den Schulen in Europa. Brüssel. [ONLINE] verfügbar unter: *http://eacea. ec.europa.eu/ressources/eurydice/ pdf/0_integral/095DE.pdf*

Europarat (Hrsg.) (2001): Gemeinsamer Europäischer Referenzrahmen für Sprachen: Lernen, lehren, beurteilen. Berlin.

F

Finkbeiner, Claudia (2009): Lernstrategien und Lerntechniken im Fremdsprachenunterricht. In: Bach, Gerhard / Timm, Johannes-Peter (Hrsg.): Englischunterricht. Grundlagen und Methoden einer handlungsorientierten Unterrichtspraxis (4. überarb. Aufl.). Tübingen, S. 225 – 252.

Literaturverzeichnis

G

Gardner, Howard (1993): Multiple intelligences. The theory in practice. London.

Genesee, Fred (1994): Second language immersion programs. In: R. Michael Bostwick (ed.): Immersion education international symposium report on second language acquisition through content based study: An introduction to immersion education: Numazu, Japan

Gompf, Gundi (1971): Englisch in der Grundschule. Schulversuche in der BRD, Frankreich, Schweden und der CSSR. In: Deutsches Institut für internationale pädagogische Forschung, Abt. Pädagogik (Hrsg.): Dokumentation zum in- und ausländischen Schulwesen, 14. Weinheim.

Gompf, Gundi (1975): Englischunterricht auf der Primarstufe. Didaktische Modelle und Perspektiven. Weinheim.

Gompf, Gundi (Hrsg.) (1992): Fremdsprachenbeginn ab Klasse 3: Lernen für Europa. Berlin.

Gompf, Gundi (Hrsg.) (2002): Kinder lernen europäische Sprachen. Website für den Fremdsprachenfrühbeginn. [ONLINE] verfügbar unter: www.kles.org

Gross, Christiane (2007): Welche, wann und wie? Korrektur von Fehlern. Grundschulmagazin Englisch 3 / 2007, S. 9 – 11.

Guariento William / Morley, John (2001): Text and task authenticity in the EFL classroom. In: ELT Journal 55 (4), S. 347 – 353.

Gutwerk, Simone / Elsner Daniela (2006): Leistungsmessung in der Diskussion. Teil 2: Möglichkeiten und Grenzen. In: Primary English 4 / 2006, S. 6 – 9.

Grünewald, Andreas (2004 a): Computer und Internet im Spanischunterricht: Status quo und Perspektiven. In: Der fremdsprachliche Unterricht Spanisch 3 / 2004, S. 4 – 14.

Grünewald, Andreas (2004 b): Lernsoftware im Spanischunterricht. In: Der fremdsprachliche Unterricht Spanisch 3 / 2004, 45 – 53.

H

Haß, Frank (Hrsg.) (2006): Fachdidaktik Englisch. Tradition, Innovation, Praxis. Stuttgart.

Häussermann, Ulrich / Piepho, Hans-Eberhard (1996): Aufgabenhandbuch Deutsch als Fremdsprache: Abriss einer Aufgaben und Übungstypologie. München.

Haunss, Jeannette (2003): All apples, change places, please! In: Grundschulmagazin Englisch 2 / 2003, S. 10 – 11.

Hawkins, Eric (1984): Awareness of language: An introduction. Cambridge.

Hawkins, Eric (1987): Modern languages in the curriculum. Cambridge.

Hebb, D.O. / Lambert, W.E. / Tucker, G.R. (1971): Language, thought and experience. In: Modern Language Journal 55, S. 246 – 252.

Helfrich, Heinz (2008): Fremdsprachen ab Klasse 1 – es bleibt noch viel zu tun. In: HotSpot 3 / 2008, S. 7ff. [ONLINE] verfügbar unter: www.grundschule-englisch.de.

Henrici, Gert (1993): Fremdsprachenerwerb durch Interaktion? Zur Diskussion und Überprüfung einer Hypothese aus der Forschung zum gesteuerten Zweitsprachenerwerb. In: Fremdsprachen lehren und lernen 22, S. 215 – 237.

Herzog, Roman (1997): Berliner Rede am 26. April 1997. In: Herzog, Roman (2001): Das Land erneuern. Berlin, S. 235 – 255.

Hilgendorf E. / Holzkamp, C. / Münzenberg, I. (1970): Frühbeginn des Englischunterrichts. Probleme und Ergebnisse einer Effektivitätsuntersuchung. Weinheim.

Hoffmann, Ingrid-Barbara (2008): All's well that starts well. Englisch ab Klasse 1. In: Grundschulmagazin Englisch 6 / 2008, S. 6 – 8.

J

Jaffke, Christoph (1996): Fremdsprachenunterricht auf der Primarstufe: Seine Begründung und Praxis in der Waldorfpädagogik. Frankfurt a. M.

K

Kesselring, Thomas (1999): Jean Piaget (2. aktualisierte und erw. Aufl.). München.

Keßler, Jörg-U. (2006): Englischerwerb im Anfangsunterricht diagnostizieren. Linguistische Profilanalysen am Übergang von der Primarstufe in die Sekundarstufe I. Tübingen.

Kieweg, Werner (2003): Möglichkeiten zur Verbesserung der Hörverstehenskompetenz. In: Unterricht Englisch (37) 64 / 65, S. 23 – 27.

Klippel, Friederike (2000): Englisch in der Grundschule. Berlin.

KMK: Sekretariat der Ständigen Konferenz der Kultusminister der Bundesrepublik Deutschland (Hrsg.) (2004): Bildungsstandards für die erste Fremdsprache (Englisch / Französisch) für den Mittleren Schulabschluss. München.

Knecht, Stephan (2008): Wir sind noch am Anfang des Verstehens. In: Forschung & Lehre 8 / 2008, S. 514 – 517.

Kolb, Annika (2007): Portfolioarbeit. Wie Grundschulkinder ihr Sprachenlernen reflektieren. Tübingen.

Kolb, Annika (2008): Authentische Sprechanlässe schaffen – aber wie? In: HotSpot 2 / 2008, 8ff. [ONLINE] verfügbar unter: www.grundschule-englisch.de.

Krammer, Kathrin / Reusser, Kurt (2005): Unterrichtsvideos als Medium der Aus- und Weiterbildung von Lehrpersonen. In: Beiträge zur Lehrerbildung 1 / 2005, S. 35 – 49.

Kramsch, Claire / A'Ness, Francine / Lam, Wan Shun Eva (2000): Authenticity and authorship in the computer-mediated acquisition of L2 literacy. In: Language Learning and Technology 4 (2), S. 78 – 104.

Krashen, Steven D. (1985): The Input Hypothesis. Oxford.

Krashen, Steven D. (1989): Language acquisition and language education. Hemel Hempstead.

Krashen, Steven D. (1996): Not pedagogic or authentic, but interesting and comprehensible. In: Zielsprache Englisch 2 / 1996, S. 22 – 24.

Kubanek-German, Angelika (2001): Kindgemäßer Fremdsprachenunterricht. Band 1: Ideengeschichte. Münster.

Kubanek-German, Angelika (2008): Interkulturelle Kompetenz: Anspruch und Möglichkeiten. In: Grundschulmagazin Englisch 4/2008, S. 6 – 8.

Kuhn, Tatjana (2006): Grammatik im Englischunterricht der Primarstufe. Theoretische Grundlagen und unterrichtspraktische Vorschläge. Heidelberg.

Kuhn, Tatjana (2008): Spaß mit Grammatik. In: Grundschulmagazin Englisch 2 / 2008, S. 9 – 12.

L

Lado, Robert (1957): Linguistics across cultures. Ann Arbor.

Lado, Robert (1964): Language teaching: A scientific approach. New York.

Lee, Winnie Y. (1995): Authenticity revisited: Text authenticity and learner authenticity. In: ELT Journal 19 (4), S. 232 – 328.

Legutke, Michael (2003): Portfolio der Sprachen – eine erfolgversprechende Form der Lernstandermittlung? In: Primary English 1 / 2003, S. 4 – 6.

Lennon, Paul (2002): Authentische Texte im Grammatikunterricht. Wie Schüler und Lehrer gemeinsam das Sprachsystem neu entdecken können. In: Praxis des neusprachlichen Unterrichts 49 (3), S. 227 – 236.

Lepschy, Almut (2007): Yellow cows and blue horses. Kunstunterricht in der zweiten Klasse – Englisch immersiv. In: Grundschule 4 / 2007, S. 41 – 44.

Lightbown, Patsy / Spada, Nina (2006): How languages are learned (3. aktual. Aufl.). Oxford.

Lüsebrink, Hans-Jürgen (2003): Kultur- und Landeswissenschaften. In: Bausch, Karl-Richard / Christ, Herbert / Krumm, Hans-Jürgen (Hrsg.): Handbuch Fremdsprachenunterricht (4. Aufl.). Tübingen, S. 60 – 65.

M

Martinez, Alejandro G. (2002): Authentic materials: An overview. [ONLINE] verfügbar unter: http://www3.telus.net/linguisticsissues/

Mayer, Nikola (2006): I hear with my eyes. Lernstrategien im Englischunterricht. In: Grundschule Heft 7 – 8 / 2006, S. 64 – 66.

Mindt, Dieter / Schlüter, Norbert (2003): Englisch in den Klassen 3 und 4. Grundlagen für einen ergebnisorientierten Fremdsprachenunterricht. Berlin.

Mindt, Dieter / Schlüter, Norbert (2007): Ergebnisorientierter Englischunterricht. Berlin.

Mindt, Dieter (2008): Regelgeleitetes Lernen. In: Grundschulmagazin Englisch 2 / 2008, S. 6 – 8.

Ministerium für Kultus, Jugend und Sport Baden Württemberg (Hrsg.) (2004): Bildungsstandards für Englisch. Grundschule – Klasse 2, 4. [ONLINE] verfügbar unter: *www.bildung-staerkt-menschen.de/service/downloads/Bildungsstandards/GS/GS_E_bs.pdf)*

Ministerium für Schule, Wissenschaft und Forschung des Landes Nordrhein-Westfalen (2001): Fachunterricht in Französisch im Rahmen von flexiblen bilingualen Modulen. Düsseldorf.

Mishan, Freda (2005): Designing authenticity into language learning materials. Bristol.

Müller-Hartmann, A. / Schocker-v. Ditfurth, M. (Hrsg.) (2005). Aufgabenorientierung im Fremdsprachenunterricht. Task-based language learning and teaching. Festschrift für Michael K. Legutke. Tübingen.

N

Niedersächsisches Kultusministerium (2006 a): Kerncurriculum für die Grundschule, Schuljahrgänge 1 – 4: Sachunterricht. Hannover.

Niedersächsisches Kultusministerium (2006 b): Kerncurriculum für die Grundschule, Schuljahrgänge 3 – 4: Englisch. Hannover.

Nold, Günter (1998): Die Arbeit mit dem Lehrwerk. In: Timm, Johannes-P. (Hrsg.): Englisch lernen und lehren. Didaktik des Englischunterrichts. Berlin, S. 127 – 136.

O

O'Malley, J. Michael / Chamot, Anna Uhl / Küpper, Lisa (1989): Listening comprehension strategies in second language acquisition. In: Applied Linguistics 10 (4), S. 418 – 437.

Oxford, Rebecca (2002): Language learning strategies in a nutshell. In: Richards, Jack C. / Renandya, W.A. (Hrsg.): Methodology in language teaching. Cambridge.

P

Peltzer-Karpf, Annemarie / Zangl, Renate (1998): Die Dynamik des frühen Fremdsprachenerwerbs. Tübingen.

Pelz, Manfred (1992): Zu Peter Doyé: Systematischer Fremdsprachenunterricht vs. Begegnung mit Fremdsprachen. In: Neusprachliche Mitteilungen 45 / 3, S. 167 – 168.

Penfield, Wilder / Roberts, Lamar (1959): Speech and brain mechanism. Princeton.

Piaget, Jean (1923): Sprechen und Denken des Kindes. Düsseldorf.

Pienemann, Manfred (1989): Is language teachable? Psycholinguistic experiments and hypotheses. In: Applied Linguistics 10 (1), S. 52 – 79.

Pienemann, Manfred / Kessler, Jörg-U. / Roos, Eckhard (Hrsg.) (2006): Englischerwerb in der Grundschule. Ein Lehr- und Arbeitsbuch. Paderborn.

Pienemann, Manfred / Kessler, Jörg-U. (2009): Fokus auf den Lerner: Spracherwerb in der Grundschule. In: HotSpot 3 / 2009, S. 1 – 6. [ONLINE] verfügbar unter: *www.grundschule-englisch.de*.

Pinter, Annamaria (2006): Teaching young language learners. Oxford.

Piske, Thorsten (2007 a): Implications of James E. Felge's research for the foreign language classroom. In: Munro, Murray J. / Bohn, Ocke-Schwen (Hrsg.): Language experience in second language speech learning. Amsterdam, S. 301 – 314.

Piske, Thorsten (2007 b): Bilingualer Unterricht an Grundschulen. Voraussetzungen, Erfahrungen und Ergebnisse. In: Grundschule 4 / 2007, S. 28 – 30.

R

Raffetseder, Nina (2009): Die Bedeutung von Handlungsorientierung für den Übergang von der Primar- in die Sekundarstufe I: Eine vergleichende

Literaturverzeichnis

Analyse von Englischlehrwerken. In: Elsner, Daniela / Wildemann, Anja (Hrsg.): Papers of Excellence. Ausgewählte Arbeiten aus den Fachdidaktiken. Band 1: Deutsch- und Englischunterricht – empirisch betrachtet, S. 95 – 121.

Richards, Jack C. (2001). Curriculum development in language teaching. Cambridge.

S

Sambanis, Michaela (2008): Sprechen im Anfangsunterricht oder ist Schweigen Gold?. In: Christiani, R. / Cwik, G. (Hrsg.): Englisch unterrichten in Klasse 1 und 2. Berlin, S. 54 – 67.

Sambanis, Michaela (2009): Aussprache systematisch üben. In: Grundschulmagazin Englisch 1 / 2009, S. 6 – 8.

Sandfuchs, U., Zumhasch, C. (1999): Bilinguales und bikulturelles Lernen: Planung, Konzept und Realität der deutsch-italienischen Grundschule in Wolfsburg. In: Hermann-Brennecke, Gisela (Hrsg.): Frühes schulisches Fremdsprachenlernen zwischen Empirie und Theorie. Hallenser Studien zur Anglistik und Amerikanistik Band 5. Münster, S. 41 – 54.

Sarter, Heidemarie (1997): Fremdsprachenarbeit in der Grundschule – Neue Wege – Neue Ziele. Darmstadt.

Sauer, Helmut (1993): Fremdsprachlicher Frühbeginn in der Diskussion. Skizze einer historisch-systematischen Standortbestimmung. In: Neusprachliche Mitteilungen 46, 2, S. 85 – 94.

Sauer, Helmut (2006): Über Sprache reden. „Language Awareness" im Englischunterricht. In: Primary English 2 / 2006, S. 3 – 6.

Savignon, Sandra J. (2001): Communicative language teaching for the twenty-first century. In: Celce, Murcia (Hrsg.): Teaching English as a foreign language (3rd ed.). Boston, S. 13 – 28.

Schlak, Thorsten (2003): Gibt es eine kritische Periode des Spracherwerbs? In: DaZ 1 / 2003, S. 18 – 23.

Schlemminger, Gerald (Hrsg.) (2006): Aspekte bilingualen Lernens. Schwerpunkt Grundschule. Hohengehren.

Schlemminger, Gerald (2007): Un village de magasins d´usine à Roppenheim? In: Grundschule 4 / 2007, S. 45 – 48.

Schmid-Schönbein, Gisela (2001): Didaktik Grundschulenglisch. Berlin.

Schulministerium des Landes Nordrhein-Westfalen (2009): Curriculare Vorgaben. Lehrplan Englisch. [ONLINE] verfügbar unter: *http://www.standardsicherung. schulministerium.nrw.de/lehrplaene/ lehrplaene-gs/englisch/lehrplan-englisch/ kernlehrplan-englisch.html*

Selinker, Larry (1972): Interlanguage. In: International Review of Applied Linguistics in Language Teaching 10, S. 209 – 231.

Skinner, B.F. (1957): Verbal behaviour. New York.

Smith, David I. (2003): Editorial: Reflections on Authenticity. Journal of Christianity and Foreign Languages. Vol. 3, S. 3 – 9.

Solmecke, Gert (2003): Das Hörverstehen und seine Schulung im Fremdsprachenunterricht. Englisch 37 (64 / 65), S. 4 – 10.

Stein, Barbara (1999): Spiel als Methode im Fremdsprachenunterricht. In: Sarter, Heidemarie (Hrsg.): Studienbrief für das Fernstudium Fremdsprachen in Grund- und Hauptschulen der Universität Koblenz-Landau. Koblenz.

Stern, H.H. (1967): Foreign languages in primary education – the teaching of foreign or second languages to younger children. Oxford.

Stern, H.H. (1992): Issues and options in language teaching. Oxford.

Swaffar, Janet (1985): Reading authentic texts in a foreign language: A cognitive model. The Modern Language Journal 69 (1), S. 16 – 32.

Swain, Merill (1985): Communicative competence: some roles of comprehensible input and comprehensible output units development. In: Gass, S.M. / Madden, C. (Hrsg.): Input in second language acquisition. Rowley, S. 235 – 253.

Sweet, Henry (1899): The practical study of languages. London.

Szagun, Gisela (2008): Sprachentwicklung beim Kind (2. überarb. Aufl.). Weinheim.

T

Thomas, Alexander (1993): Psychologie interkulturellen Lernens und Handelns. In: Thomas, Alexander (Hrsg.): Kulturvergleichende Psychologie – eine Einführung. Göttingen, S. 377 – 424.

Timm, Johannes-Peter (2003): Schüleräußerungen und Lehrerfeedback im Unterrichtsgespräch. In: Bach, Gerhard / Timm, Johannes-Peter (Hrsg.), S. 197 – 224.

Tracy, Rosemarie (2008): Wie Kinder Sprachen lernen (2. überarb. Aufl.). Tübingen.

V

Vandergrift, Larry (1997): The comprehension strategies of second language (French) listeners: A descriptive study. In: Foreign Language Annuals 30, S. 387 – 409.

Vester, Frederic (1975): Denken, Lernen, Vergessen. Stuttgart.

Volkmann, Laurenz (2002): Aspekte und Dimensionen interkultureller Kompetenz. In: Volkmann, Laurenz / Stiersdorfer, Klaus / Gehring, Wolfgang, (Hrsg.): Interkulturelle Kompetenz. Theorie und Praxis des fremdsprachlichen Unterrichts. Tübingen, S. 11 – 48.

Vollmuth, Isabel (2004): Authentische Texte oder Lehrwerke? Primary English 2 / 2004, S. 30 – 32.

Vygotsky, Lev S. (1978): Mind in society: Development of higher psychological processes. Harvard University Press 14, S. 79 – 91.

W

Waas, Ludwig (2006): Think first, then talk. Language awareness im Unterricht. In: Grundschulmagazin Englisch 2 / 2006, S. 6 – 7.

Wajnryb, Ruth (1992): Classroom observation tasks. A resource book for language teachers and trainers. Cambridge.

Waschk, Katja (2004): Stationenlauf zum Thema „Fruit" – eine ganzheitliche Erfahrung. In: Primary English 4 / 2004, S. 8 – 11.

Werning, Rolf (1998): „Konstruktivismus. Eine Anregung für die Pädagogik?" In: Pädagogik 7 – 8 / 98, S. 39 – 41.

Weskamp, Ralf (2003): Spielend Englisch lernen. In: Grundschulmagazin Englisch 2 / 2003, S. 6 – 9.

Widdowson, Henry G. (1983): Learning purpose and language use. Oxford.

Willis, Jane (1996): A framework for task-based learning. Harlow.

Wode, Henning. (1995). Lernen in der Fremdsprache: Grundzüge von Immersion und bilingualem Unterricht. Ismaning.

Wolff, Dieter (2003): Hören und Lesen als Interaktion: Zur Prozesshaftigkeit der Sprachverarbeitung. Englisch 37 (64 / 65): 11 – 16.

Wolff, Dieter (2008): Möglichkeiten zur Entwicklung von Mehrsprachigkeit in Europa. In: Bach, Gerhard / Niemeier, Susanne (Hrsg.) (2008): Bilingualer Unterricht. Grundlagen, Methoden, Praxis, Perspektiven (4. überarb. Aufl.). Frankfurt M., S.151 – 164.

Wortmann, Linda (2004): Sprache, Musik, Bewegung. In: Grundschulmagazin Englisch 4 / 2004, S. 6 – 8.

Wright, Andrew (1995): Storytelling with children. Oxford.

Wright, Andrew / Betteridge, David / Buckby, Michael (2002): Games for language learning. Cambridge.

Wunsch, Christian (2006): Schriftbilder schaffen Sprachbewusstsein und sind Lernhilfe. In: Primary English 1 / 2006, S. 15 – 17.

Z

Zaunbauer, A. C. M. / Möller, J. (2006): Schriftsprachliche und mathematische Leistungen in der Erstsprache – ein Vergleich monolingual und teilimmersiv unterrichteter Kinder der zweiten und dritten Klassenstufe. Zeitschrift für Fremdsprachenforschung 17 / 2006: 181ff.

Zydatiß, Wolfgang (1997). Umrisse eines Spracherwerbskonzepts für den zweisprachigen Unterricht bilingualer Lerngruppen in der Berliner Grundschule. Gutachten für den Schulversuch der ‚Staatlichen Europa-Schule Berlin'. Berlin: Senatsverwaltung für Schule, Jugend und Sport.

Zydatiß, Wolfgang (1999): Fremdsprachenlernen in der Primarstufe: Warum und mit welchem Sprachangebot? Überlegungen zum Berliner Projekt ‚Begegnung mit einer Fremdsprache ab Klasse 3'. In: Fremdsprachenunterricht 3, S. 196 – 201.

Bilderbücher

Ahlberg, Allan / Ahlberg, Janet: *Chicken, chips and peas*; *Funnybones*

Briggs, Raymond: *Jim and the beanstalk*

Bush, John / Korky Paul: *The fish who could wish*

Campbell, Rod: *Dear zoo*

Carle, Eric: *The very hungry caterpillar*; *Little cloud*; *From head to toe*; *Today is Monday*

Castle, Caroline / Childs Sam: *Naughty!*

Cave, Kathryn / Riddell Chris: *Something else*

Cony, Frances. *The lion and the mouse*

Dale, Penny: *Ten in the bed*

Donaldson, Julia / Scheffler Axel: *The Gruffalo*

Foreman, Michael: *A trip to dinosaur time*

Geisler, Dagmar: *Caroline finds a friend*

Godwin, Sarah / Batchelor Louise: *Where's caterpillar?*

Hawkins, Colin: *Mr Wolf's week*

London, Jonathan: *Froggy gets dressed*; *Froggy goes to school*

Mayhew, James: *Katie in London*

McKee, David: *Elmer*

Miller, Virginia: *Get into bed!*; *Be gentle!*

Munsch, Robert / Martchenko, Michael (illustr.): *Something good*; *The paper bag princess*

Murphy, Jill: *The large family – a quiet night in*; *Peace at last*

Myles, Jane: *Dinosaurs*; *The velveteen rabbit*

Nicoll, Helen / Jan Pienkowski: *Meg and Mog*

Pfeffer, Wendy / Keller, Holly (illustr.): *From tadpole to frog*

Rabe, Tish: *Oh, the things you can do that are good for you!*

Rosen, Michael / Langley, Jonathan: *Snore!*

Scarry, Richard: *What do people do all day?*

Simmons, Jane: *Daisy and the beastie*

Sonaldson, Julia / Scheffler, Axel: *The smartest giant in town*

Stoll Walsh, Ellen: *Mouse paint*

Sutton, Eve / Dodd, Lynley (illustr.): *My cat likes to hide in boxes*

Wood, Don and Audrey: *The little mouse, the red ripe strawberry, and the big hungry bear*

Bildquellenverzeichnis

S. 104.1+3: MEV Verlag; **104.2:** Look / H. Leue; **104.4:** Look / U. Lohmann; **104.5:** Interfoto / R. Großkopf; **104.6:** Blickwinkel / U. Preuss – **S. 106:** My cat likes to hide in boxes by Eve Sutton, illustrated by Lynley Dodd, © Eve Sutton and Lynley Dodd, 1973, first published by Hamish Hamilton 1973, Picture Puffins (Penguin Group) 1978 – **S. 107:** Katie in London by James Mayhew. Orchard Books 2003 – **S. 126:** Something Good by Robert Munsch, illustrated by Michael Martchenko. Annick Press, Toronto 1990 – **S. 145:** From tadpole to frog by Wendy Pfeffer and Holly Keller, illustrations © 1994 by Holly Keller, used by permission of HarperCollins Publ. New York.

Trotz entsprechender Bemühungen ist es nicht in allen Fällen gelungen, den Rechtsinhaber ausfindig zu machen. Gegen Nachweis der Rechte zahlt der Verlag für die Abdruckerlaubnis die gesetzlich geschuldete Vergütung.